경교 연구 논문 해설

네스토리우스파 기독교로도 알려진
대진 경교가 극동종교에 기여한 영향

유태종 논문집

2019년 10월 15일

네스토리우스파 기독교로도 알려진
대진 경교가 극동종교에 기여한 영향

초판 1쇄 발행 2021년 12월 10일

지은이 유태종
펴낸이 장길수
펴낸곳 지식과감성#
출판등록 제2012-000081호

교정 김혜련
디자인 최지희
편집 김한솔, 박예은
검수 백승은, 이현
마케팅 고은빛, 정연우

주소 서울시 금천구 벚꽃로298 대륭포스트타워6차 1212호
전화 070-4651-3730~4
팩스 070-4325-7006
이메일 ksbookup@naver.com
홈페이지 www.knsbookup.com

ISBN 979-11-392-0217-5(93230)
값 12,000원

• 이 책의 판권은 지은이와 지식과감성#에 있습니다.
• 이 책 내용의 전부 또는 일부를 재사용하려면 반드시 양측의 서면 동의를 받아야 합니다.
• 잘못된 책은 구입하신 곳에서 바꾸어 드립니다.

지식과감성#
홈페이지 바로가기

경교 연구 논문 해설

네스토리우스파 기독교로도 알려진 대진 경교가 극동종교에 기여한 영향

유태종 논문집

추천서

유태종 박사님은 6.25 한국동란 격동기에 서울대학교 화공학과를 졸업하고, 당시 주한 미국 원조기관인 USOM에서 다년간 근무했으며, 상업용 축천지가 미미했을 때, 미국으로 건너가서 선진기술을 습득하여 공헌했다. 1971년에 미국으로 이민해서 New York주 Niagara Falls 시 소재 Carborundam회사에 근무하면서 지역 대학원에서 화공학 분야에서 수학하였다. 1977년에 Chicago 교외 Downers Grove로 이주하여 추천인이 섬기던 한인서부교회 장로로 동역하게 되었다. 1988년 7월에 Wheaton College에서 개최되었던 제1차 한인세계선교대회의 재정 담당 회계로서 크게 공헌하였다.

목회 사역에 부르심을 받아 Wheaton 신학대학원에서 수학하고, 1991년 목사 안수를 받고, 한국에 선교사로 파송받아, VOCA선교사로 Bridge사역을 감당하고 있다. 이번에 그의 경교의 중국 당나라의 전파되었다가 사라진 역사적 배경을 중심으로 심혈을 기울여 연구한 그의 박사 학위 논문을 간략하게 요약하여 목회자와 일반 성도에게 읽기 쉽게 단행본으로 출판하게 됨을 진심으로 축하하며, 이 책이 널리 읽혀서 신앙생활에 도움이 되리라 믿고 추천하는 바입니다.

2019. 10. 20.
세계선교 동역 네트워크 상임대표
최일식 목사

목차

추천서 4
서문 6

제1장 서론 9
연구의 주제 • 연구 범위의 한계 • 핵심적 논의의 요점 • 어휘의 정의와 해석 • 연구 과정과 연구 내용의 개관 • 전제된 연구의 가정 사항

제2장 경교 선교사역의 역사적 배경의 고증 25
두 교회의 관계: 동방세계와 서방세계 • 고대 중국 • 기독교 선교 현장의 문화적 배경 • 당나라의 경교 사역

제3장 경교 선교단의 복음 전파 55
경교 기념비 • 경교 선교단의 특성 • 경교 선교사들의 선교 방법들 • 돈황 석굴의 기록물들 • 경교 선교활동의 요약

제4장 경교 선교사역의 지속적 영향력 93
중국의 경교 선교에 가해진 박해와 결과 • 경교의 발자취 • 기독교적 영향의 증거

제5장 결론 125
연구 결과의 정리 • 앞으로의 연구를 위한 제안

부록 143
참고문헌 150

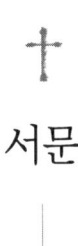

서문

 본 해설은 영어로 작성된 저자의 학위 논문 "AN INFLUENCE OF THE TA-CH'IN CHING-CHIAO, ALSO KNOWN AS THE NESTORIAN CHRISTIANITY ON THE FAR EASTERN RELIGIONS"를 한글로 쓴 것이다. 중요한 내용들은 보충하여 설명하면서 중복되는 내용들은 간략하게 줄이는 요령을 살려서 진술하였다.

 문헌 조사를 통하여, 약 1400년 전, 당조 중국에 온 최초의 기독교 선교단의 역할을 탐색하는 것이 연구의 목적이다. 선교사들은 자기들의 종교를 경교라고 소개했는데, '광명의 종교'라는 뜻이다. 17세기에 이르러 당나라 옛 수도 부근에서 거대한 기념비가 우연히 출토된 이후, 7세기에 시작된 시리아 기독교 선교사들의 배경과 업적이 비로소 세상에 알려지기 시작했다. 경교 선교사들은 몇 가지 중요한 선교 전략을 사용하여 황제들의 협조를 얻어, 지리적으로 격리된 채로 고도의 문명을 자랑하는 백성들에게 선교하여 200년 이상을 번성하였다.

 9세기에 이르러 황제 무종의 칙령으로 기독교는 선교활동을 끝내게 되었고, 경교는 극심한 박해로 인하여 종족을 감추고 세상에서 망각된 듯이 보였다. 그런데 경교는 보이지 않는 존재로서 막대한 성서적 영향을 극동의 여러 나라들에게 기여했던 것이다. 그 과정과 결과를 여러 가지로 해석하며, 연구하여 논문을 작성한 것이다.

    논문의 학술적 표현을 풀어서 독자에게 친근감을 더해 주려는 뜻을 유지하면서도 핵심적 요점은 가급적 본 논문에 충실하도록 해설하려고 노력하였다. 문헌 조사를 기본으로 하는 연구인 까닭에 많은 학자, 연구자들의 생각이 인용되는 사안은 각주를 통하여 적절한 설명이 되도록 시도하였다. 연구를 계속하여 새롭게 제공되는 자료를 조사하여 논문 내용을 보완함으로써 숨겨져 왔던 동양의 고대 문화 문명을 재발견하려는 노력을 할 것이다. 여러분의 격려와 편달을 기대하는 바이다.

제1장

서론

서론

　　이 연구의 목적은 복음 전도를 위하여 중국의 문화적 전통에 상황적 적응을 한 경교 선교사들의 초문화 선교방법론을 탐구하는 데 있으며, 아울러 극동에서 상당 기간 지속된 선교적 영향을 검토 평가하려는 것이다.

　　7세기에 시리아 교회의 한 분파가 그리스-로마 교회의 지배를 벗어나 멀리 당나라에 와서 선교활동을 벌였다. 이 교회는 당나라에서 경교로 불리우며 2백여 년에 걸쳐 번성했다.[1] 경교는 극심한 박해를 받고도 잘 견디었으나, 13세기에 이르러 생존을 위해 끝내 종적을 감추고 토속 신앙으로 변신했다. 세간에서는 경교가 흔적도 없이 사라졌다고 말하고 있지만, 경교비와 같은 충분한 고고학적 유물이 발견됨으로써, 기독교의 일파인 경교가 한국과 일본 등 인접 국가의 문화와 종교에도 적지 않은 영향을 남긴 흔적을 더듬어 볼 수 있다.[2] 따라서 경교비문과 그 밖의 유물들을 예의

1　P. Y. Saeki, *The Nestorian Monument in China* (London: SPCK, 1916), 163-180.
2　M. Palmer, *The Jusus Sutras, Rediscovering The Lost Scrolls of Taoist Christianity* (New York: Random House, 2001), 177-205.

주시하며 연구하고 탐구하여 일찍이 당나라에 유입된 기독교가 극동아시아에서 상당한 성과를 거둘 수 있었던 선교방법론을 복원해 낸다면 현대 선교의 방법론 개발에도 도움을 줄 수 있을 것이다.

경교비는 약 9자 높이의 거대한 돌 비석으로 경교 선교사들이 서기 781년 당나라 수도 장안(시안) 근처에 건립한 것이다. 여기에 기독교의 일파인 경교의 선교 역사와 전도 내용을 기록하고 경교의 신앙과 교리를 서술했다. 약 70년 후에 경교를 반대하는 세력의 경교비 파괴 의도를 간파한 경교도들이 비문의 보호를 위해 지하에 매립함으로써 경교비의 존재 자체가 오랜 세월 잊혀졌으나 약 900년 후 명나라 때에 지하에 묻혀 있던 대진경교유행중국비가 우연한 기회에 그 지역 주민에 의해 발견됨으로써 경교의 역사적 실체가 마침내 세상에 알려지게 된 것이다. 비석은 고고학적으로 시리아 기독교가 중국에서 상당 기간 건재하여 활동한 사실을 입증해 준다.[3] 이런 증거 기록물이 없었다면 극동의 기독교 선교 역사를 전혀 알 수 없거나 혹은 객관적으로 평가할 길이 없었을 것이다. 비석이 발견되기 전에는 시리아 기독교의 중국 선교활동에 대한 정확한 정보는 어디에서도 찾아볼 수 없었다. 비석이 발견된 후 비로소 사람들은 경교 선교사들이 중국인에게 접근하여 기독교를 전했던 선교사역을 평가하기 시작하였다.

7세기 당시 당나라의 사정과 경교의 활동에 관한 정보는 주로 최근의 고고학적 발견에 한정되어 있는데, 그중 대표적인 것이 경교 기념비

---

3 C. E. Couling, *The Luminous Religion* (London: Carey Press, 1925), 49-63.

인 것이다.⁴ 그 외에는 7세기 중국의 경교와 그 선교사역에 관련하여 사료적 가치가 있는 기록문서는 전무한 상태이다. 극심한 박해로 인하여, 인명의 손상뿐 아니라, 건물과 기물을 포함한 모든 경교 관련 유물이 파괴 소멸되었기 때문이다. 경교와 그 선교사역에 관하여 기록된 중요 문건 일체가 상실되었으므로 오늘날 학술 연구에 실질적 도움을 주는 자료의 입수는 거의 불가능한 형편이다.

연구의 주제

경교 선교사들은 특기할 만한 초문화적 선교방법으로 7세기 중국의 폐쇄된 문화권에 접근하여 효과적으로 선교하여 후세의 중국선교에 많은 영향을 주었다. 이 역사적 사실을 고려할 때, 경교의 선교방법을 오늘날의 선교활동에 현실적인 적용을 시도할 수 있을 것이다.

연구 범위의 한계

본 연구는 다음의 한계 사항을 전제로 한다.
1. 제7세기부터 9세기까지의 기간을 통하여, 당조 중국에서 경교 선교회가 활동한 역사적 경과를 주요 연구 대상으로 조사했다.
2. 중국 지역을 제외한 아라비아, 중앙아시아, 그리고 인도에서의 경교도 선교사역은 논술하지 아니했다.
3. 이 연구는 에베소 종교공의회가 취급했던 네스토리우스

---

4 K. Kawaguchi, *Kei Kto [Christianity yoward the Silk Road: A Record of Christian Mission in T'ang China]* (Tokyo: e-grape, 2007), 173.

교리 논쟁의 경위를 탐색하지 아니했다.
4. 이 연구는 개신교회 이외 교단의 전통적 교리를 조사 검토하지 아니했다.
5. 이 연구에는 현재 세계선교 현장에서 적용하고 있는 선교 방법론을 탐색 논의하지 아니했다.

핵심적 논의의 요점

1. 기원전 8세기부터 서기 7세기까지 중국에서의 경교 선교사역의 역사적 배경과 환경을 전망하는 것. (제2장)
2. 경교비의 발견과 비문의 번역에 대하여 논술하는 것. (제3장)
3. 서기 7세기부터 9세기에 이르는 기간에 활동한 당조 중국의 경교 선교사역의 특성과 아울러 독특한 중국의 문화적 난제들이 혼합되어 장애와 기회를 제공했을 당시의 형편을 조사하는 것. (제3장)
4. 경교 선교사역과 선교사들이 중국의 문화적 장벽에 접근한 구체적 방법을 조사하는 것, 즉 복음을 중국 고유 문화에 상황적으로 적응시켜 나갔던 과정과 결과를 분석함. (제3장)
5. 경교 선교단이 중국과 극동의 인접 국가들, 특히 한국과 일본에도 지속적으로 미치고 있는 영향에 대하여 조사하는 것. (제4장)

어휘의 정의와 해석

이 연구에서 사용되는 어휘를 다음과 같이 정의하고 해설한다.

기독교 신앙의 '아말감' 잠적

경교 선교사들이 치명적 박해를 피하면서 신앙을 지킨 경위를 묘사한 것이다. 어느 물체가 그 본래의 특성을 손실 없이 보전하면서 다른 물체와 섞여서 본래의 자취를 감추는 물리 화학적 현상과 흡사한 사례로서 경교가 자취를 감추었으나 수세기 동안 숨어서 신앙을 보전했던 것이다. 예컨대 금이 수은에 접촉하여 혼합되면, 소금이 물에 녹듯이 금을 볼 수 없게 되지만, 다시 열을 가하여서 증류하면 수은은 날아가고 금이 손실 없이 모두 회수되는 현상을 '아말감'이라 부르는 데서 나온 표현이다.

당조 중국에 정착했던 경교가 극심한 박해로 인하여 자취를 감추고 잠적했으나 소멸된 것이 아니라, 수세기 동안이나 신앙의 본질을 잃지 않고 잠적하여 있다가 은밀하게 후세의 교회가 자리 잡을 수 있도록 작용한 역사적 현상을 설명한 것이다.[5]

동방 세계의 교회: 동교회

그리스-로마 교회를 서(西)교회라고 부른다면, 이에 대조하여 시리아-아르메니아 교회를 동(東)교회라고 부를 수 있다. 동교회는 2세기경 메소포타미아 지방에서 발생 발전하였고, 이어서 팔레스타인, 아라비아,

---

5   Saeki, *The Nestorian Monument in China*, 49-54.

중앙아시아 그리고 중국으로 확장되었던 것이다. 현재는 동교회 계열의 군소 종파들이 미국과 호주 등에 잔존하고 있다.[6]

기독교 신학과 교리의 상황화 적용

기독교 복음의 진리를 전도하며 해석하는 과정에서 어느 특정 지역 문화권의 본질을 상황적으로 존중해 주면서도 은혜롭게 영적 변화를 수용하게 유도하는 행동 방식이다. 신학과 교리의 상황적 적용을 말할 때, 소금을 예로 들어서 설명할 수 있다. 소금은 세 가지 다른 종류의 고기(돼지고기, 소고기와 닭고기)에 녹아들어 갈 수 있는데, 단 각기 다른 고기의 본질에는 변화를 주지 않으면서 맛을 유지하고 장기 보존을 가능하게 하는 중요한 변화를 주는 것이다. 또 하나의 경우는 일부다처제 문화권에서 여러 아내를 거느린 현지인에게 일단 그 제도를 허용한 후 점차적으로 일부일처제로 전환하도록 격려하는 것이다. 즉 현재 거느리고 있는 여러 아내 중 하나가 사망하더라도 다시 다른 여인을 맞아들이는 재혼을 허용하지 않는 것이다.[7]

토착화

현지인의 전통적 생활풍습과 관행을 그대로 수용하는 현상을 말한다. 선교활동에 있어서 토착화는 기독교가 다른 문화에 들어가서 새 문화로 적합하게 변질되어 기독교 교리의 핵심을 상실하게 되는 현상이다.

---

6 C. Baumer, *The Church of the East, An Illudtrated History of Assyrian Christianity* (New York: Tauris & Co. 2006), 269-271.

7 D. C. Halverson, *The Compact Guide to World Religions* (Minneapolis: Bethany Press, 1996), 219.

일부다처주의 문화권에서 그 제도의 존속을 그대로 허용하는 따위가 토착화의 비근한 예라고 할 수 있다.

하나님

영어 대문자(G)로서 시작하는 단어인 하나님(God)은 기독교를 위시하여 이슬람교, 유대교, 마니교, 배화교 등 유일신 종교가 신봉하는 절대 주권자를 의미한다. "여호와 하나님"은 유대교와 기독교에서 지존하신 분을 의미하되, 영어 소문자(g)로 표기되는 "신(god)"은 힌두교나 불교 등 범신교의 절대 존재를 의미한다.

단성론자

칼케돈 공의회가 규정한 그리스도의 두 속성 교리에 반대하는 입장을 취하는 자로서 예수 그리스도의 위격은 인간성과 신성 중 오직 하나의 속성으로만 구성되었고, 또 하나의 혼합체로 존재한다고 주장하는 자이다.

네스토리우스파 성도

고대 페르시아 제국에서 발생한 동 교회의 신자이며, 네스토리우스파 종파의 추종자를 통칭하여 사용되기도 한다.

네스토리우스파

일반적으로 네스토리우스파 교회로 불리우는 기독교의 분파로서, 배경이 서로 다른 사람들이 통일되지 못한 채 사용하고 있는 명칭이다.

13세기에 불리우기 시작된 이 명칭은 이들 종파를 비하하여 부정적으로 비판하는 의미를 내포하고 있다. 그 배경에는 예수의 위격과 속성에 관한 기독론 논쟁에서 서로 다른 입장을 취하며 대립했던 종파 간 갈등의 역사가 있는 것이다. 즉 예수의 모친 마리아를 '하나님의 어머니'로 호칭하는 사안이 미결의 난제로 남아 있다. 이러한 역사적 배경은 지금까지 일반에 알려진 바가 거의 없었다. 7세기에 처음 중국에 들어온 경교의 선교사들은 후세에 자신들이 어떻게 불리울지 아마도 짐작조차 못했을 것이다. 당시 그들의 종교를 '경교'라는 명칭으로 세상에 소개한 사실은 17세기에 경교 기념비가 발견되고 난 후에 비로소 알려지게 되었다. 따라서 본 논문에서는 경교라는 명칭을 주로 사용하고 있음을 밝혀 둔다.

네스토리우스파 교회(중국에서는 '경교 회당'으로 통칭했음)

동방세계 교회의 한 분파로서 고대 페르시아 제국에서 발생하여 성장했고, 당조 중국에 와서 '경교'라는 명칭으로 불리우며 선교활동을 벌였다.[8]

네스토리우스파 선교단(경교 선교단)

7세기에 시리아 종파의 기독교 선교단이 알로펜 주교의 영도하에 페르시아에서 당조 중국에 와서 선교의 기초를 다진 다음 9세기에 이르러 황제의 칙령으로 선교활동이 금지될 때까지 크게 번성하였다.[9]

---

8 S. H. Moffett, *The Earliest Asian Christianity* (*Missiology: International Review, Vol. 3, No.4, 1975*), 415-430.
9 P. Y. Saeki, *The Nestorian Monument in China* (London: SPCK, 1916), 107.

경교 기념비

'네스토리우스파 기념비'로 알려지고 있으나, '대진경교유행중국비'가 정식 이름이다. 서기 781년에 아담(중국명: 경정)이라는 경교 선교사가 당나라 수도 부근에 건립한 흑색 대리석 비석이다. 7세기에 경교 선교단이 중국에 온 역사적 배경과 업적을 기념하여 서술한 내용의 비문에는 기독교의 교리와 더불어 신자들의 일상생활 규범과 하나님께 올리는 송영이 적혀 있다. 이 비석은 외래 종교에 대한 과격한 반대 세력으로부터 보호하려는 목적으로 지하에 매립되었다가 1623년 우연히 발견되었는데, 중국에 와서 선교한 경교에 대한 정보를 제공해 주는 귀중한 고고학적 자료인 것이다.[10]

비단길

부록에 묘사된 지도에서 볼 수 있듯이 광대한 국제 무역 도로망이다. 비단길은 중국과 아시아(페르시아와 인도) 및 지중해(그리스와 로마) 지역의 나라들과 연결해 주는 교역로로서 중국의 한조시대에(206 B.C.-A.D. 220) 개설된 것이다.

황하

중국에서 두번째로 긴 강이다. 중국 서부에서 발원하여 9개 현을 통과하면서 동쪽의 보해로 들어간다. 황하 유역은 풍요한 땅이며 중국 문명의 발상지로 믿어진다. 시안(장안: 한나라와 당나라 등 13개 왕조의 수도)은 황하 유역에 있고 비단길의 종점이다.

---

10 W. Dehoney. *The Dragon and the Lamb*, (Nashville: Broadman Press, 1988). 92-93.

연구 과정과 연구 내용의 개관

이 연구는 우선 현존하는 간행물을 널리 수집하여 그 내용을 주의 깊게 분석하였으며, 7세기에 중국 본토 중원에 최초로 입국한 경교 선교단의 역사적 배경을 고찰하였다. 연구내용에는 경교 신도들이 핍박을 받고 사라진 9세기 이후에도 극동에서 선교적 영향을 남긴 사유를 추론하여 포함시켰다. 연구 중에 수집된 자료들은 비판적으로 해석하여 연구보고서로 편집되었는데, 고대로부터 현대에 이르는 시대 순서에 따라 작성하였다. 그리고 이어지는 각 장에는 경교의 선교활동을 사역 시기에 초점을 맞추어 기술하였다.

중국 내 경교 선교사역의 역사적 배경 고증: 제2장

제2장은 7세기에 경교가 들어가기 이전의 중국의 역사적 배경을 요약하는 것이다. 여기에는 기독교회가 동방세계와 서방세계의 두 교회로 분할되는 과정을 개관하여서 포함한다. 경교 선교활동에 장애와 기회를 함께 제공하였다는 중국 문화의 전통의 양상도 소개된다.

경교 선교단의 복음 전파: 제3장

제3장에서 7세기에서 9세기에 이르는 기간의 당나라에서의 경교 선교단의 특성을 요약하여 논술하고 또 기독교의 교리를 중국의 고유한 전통과 사회적 상황에 적응하여 전달한 방식을 탐색한 것이다. 경교 기념비는 당나라에서 시행된 기독교 선교활동에 관한 역사적 기록을 제공하는 데 없어서는 안 될 고고학적 자원으로서 상세하게 평가될 것이다. 경교 선교단 일행이 중국 황실의 의장대에게 특별히 영접을 받으면서

입국한 배경을 철저하게 조사할 것이다.

극동에서 경교 선교단이 기여한 영향: 제4장

제4장에서, 극동의 종교적 발전에 기여한 경교 선교단의 영향이 조사될 것이다. 아시아 대륙의 인구는 세계 인구의 삼분의 일을 차지한다. 그러므로 아시아 지역의 복음화를 위한 효과적 선교 전략 지침을 세우는 일이 바로 세계 선교 촉진을 위한 전략으로 필요하다. 중국인이 아시아 지역은 물론 세계 각 지역에 흩어져 거주하는 까닭에, 경교도의 기독교 선교 노력의 결과가 여러 가지 형태로 극동 전역에 잔존되어 있을 풍습에 주목해서 연구할 것이다. 이러한 노력들의 영향은 경교도의 문화 유물과 또 유명한 불교 지역에서 발견된 문서들을 철저하게 탐색하고 분석함으로써 식별될 것이다.

결론: 제5장

제5장에서 경교도가 중국에서 성취한 복음적인 노력을 탐색하고 분석한 결과와 또 극동에서 지속되고 있는 경교도의 영향을 현대 선교활동을 위한 체제에 도입하는 데 고려하도록 제안할 것이다. 구체적으로 논하면, 극동에서의 경교 선교단의 역할을 연구 조사하여서 핵심적 요소를 찾아내어 장래의 새로운 전략적 체제를 개발하는 데 선용하려는 것이다. 이는 특히 아시아를 포함하는 현대 지구촌 선교활동을 위한 것이다. 끝으로 장래에 탐구하려는 연구에 대한 제언을 할 것이다.

전제된 연구의 가정 사항

경교 선교단의 활동에 관련된 역사적 의미를 해석하는 체제를 마련하기 위하여 몇 가지 가정을 취택했다. 모두가 연구 결과에 영향을 주었고 또 핵심적 논의 요점으로서 제안된 탐구의 결과를 더욱 분명하게 하는 것이다.

    1. 네스토리우스는 중국에서의 선교에 대하여 아는 바가 없었다는 것이다. 시리아 선교사 알로펜 주교가 페르시아로부터 당조 중국에 들어가기 200년 이전인 5세기에 네스토리우스는 이미 애굽의 유배지에서 사망하였다. 그는 로마 황제가 자기를 칼(세)케돈 종교공의회에 참석하도록 초청하였는데도 그 사실을 몰랐었다.[11] 만일 네스토리우스가 공의회에 참석했더라면, 파문을 당한 처분에서 복권이 되도록 변론할 수 있었을 것이다. 더군다나 중국으로 가는 선교 계획에 그가 직접 개입된 사연은 문서상 기록이 없는 것이다. 그러나 네스토리우스에 충실한 제자들은 신분의 안전을 위하여 페르시아에 도피하여 시리아 교회에 가입했다. 시리아 교회는 아라비아, 중앙아시아, 인도에서 기독교 신앙을 활발하게 전파하고 있었다.[12] 그러므로 알로펜과 그의 집단은 페르시아에 있는 후원교회의 지원을 받

---

11 J. M. L. Young, *By Foot to China: Ministry of the Church of the East, to 1400* (Seoul: Korean Institute of Nestorian Studies, 1984), 106.
12 C. E. Couling, *The Luminous Religion* (London: Carey Press, 1925), 16.

고 독자적으로 중국 선교를 수행하였다.[13]

2. 페르시아에 있는 시리아 교회는 지원 교회로서 책임을 지는 것으로 되어 있었으나 그들은 경교 선교단에게 적절한 물자 공급을 충분히 마련해 줄 수는 없었다. 그래서 중국 황실의 보호가 있어야만 선교사역 업무를 유지할 수 있었다. 에베소 종교공의회가 콘스탄티노플에서 네스토리우스의 총주교의 지위를 해임했을 때, 서방세계의 로마 교회는 네스토리우스의 모든 추종자와 교분이 있는 자의 목회 활동에 관련이 있었다는 기록이 없다.[14] 경교비의 비문이 밝혀 주는 대로, 중국 경교의 신학은 로마 그것과 비슷하였다. 사실은 네스토리우스가 니케아 종교공의회의 결의를 수용했고 그래서 그는 양성론자로 알려졌었다.[15]

3. 바티칸에 의하여 17세기에 경교 기념비의 비문은 심사를 받고 진본으로 판명되었다. 비석의 복제품이 교황청 박물관과 그 외 여러 곳에 전시되어 있다. 비문의 내용으로 보아 중국 기독교회는 경교선교사들의 활동으로써 개척되어 기초가 세워진 것을 알 수 있다.

---

13 J. Foster, *The Church of the T'ang Dynasty* (London: SPCK, 1939), 32-3 & 63.
14 S. Neill, *A History of Christian Mission* (New York: Penguin Book, 1964), 126-127.
15 H. R. Boer, *A Short History of the Early Church* (Grand Rapids: W.B.Eerdmans, 1976), 166.

제2장

경교 선교사역의
역사적 배경의 고증

경교 선교사역의 역사적 배경의 고증

　　제2장에서는 기원전 8세기부터 7세기에 이르는 초기 중국의 정세와 형편에 관한 기초 사료들을 조사하였다. 즉 페르시아 선교단에 초점을 맞추되 우선 경교가 당나라에 기독교를 소개한 역사적 사건의 배경이 되는 중국의 고대사를 고찰하려는 것이다. 특기할 것은 경교도들의 중국 선교를 매우 어렵게 했던 심각한 걸림돌들을 성공적으로 극복했다는 사실이다. 그들은 외부로부터 철저히 폐쇄되어 있던 중국 문화권에 비교적 친화력 있게 접근하여 기독교 복음을 효과적으로 전했던 것이다. 그 결과 극동의 인근 나라들, 한국과 일본에서도, 경교도들의 발자취가 남아 있음을 찾아볼 수 있다. 그 옛날 경교도들이 동양에서 어떻게 중요 사안을 결정하고 선교활동을 성공적으로 수행했는지를 알려면 먼저 경교와 그 선교사역의 역사적 배경을 이해할 필요가 있다.

　　경교도들이 중국에서 성취한 복음 전도의 뿌리는 예수의 지상 명령과 사도들의 헌신에 따른 초대 교회의 업적에까지 거슬러 올라간다. 그리고 하나님은 5세기에 야기되었던 교회의 큰 지도자 네스토리우스를 둘러싼 분쟁을 통하여 교회의 선교사역의 새로운 방향으로 유도하셨다.

즉 인간의 대립과 분쟁으로 인하여 기독교 선교사역이 서방에서 동방으로 진출 발전하는 결정적 계기가 마련되었던 것이다. 뿐만 아니라 하나님은 이미 주전 8세기에 중국 땅에 선교지를 조성하는 준비 작업을 하고 계셨다고 볼 수 있다. 후일 경교 선교사들이 전파하는 하나님의 말씀을 받아들일 수 있는 기름진 토양을 예비하셨던 것이다. 그리하여 마침내 7세기에 경교도들은 하나님의 부르심에 순종하여 '땅끝까지' 복음을 전파하는 사명의 기치를 높이 들고 당나라에 입성했던 것이다.[16]

두 교회의 관계: 동방세계와 서방세계

오순절에 예루살렘 다락방에서 출발한 그리스도의 교회는 세상 끝까지 퍼져 나갔고, 교회는 복음 선교의 발전 과정에서 다양화되기 시작했다. 그러므로 아시아의 경교도 교회와 세계의 다른 주류 종파 교회와의 관계를 이해하는 일이 필요하다. 교회가 다양화하는 것은 피할 수 없는 일이었으나 오늘날 기독교회 각 종파 간에 관계 개선의 징후가 보이고 있는 것은 다행한 일이다.

전 세계의 복음 전도 기획

예수의 지상 명령은 제자들에게 구원의 복음을 '땅끝'까지 전파하라고 지시하신 것이다. 예수께서 승천하신 후 사도들은 지상 명령을 실행에 옮겼다. 처음 교회의 터전인 예루살렘으로부터 교회는 사방으로 확장되어 나갔다. 기독교 복음은 모든 백성, 즉 서로 다른 세계관을 갖는 사

---

16 마태복음 28:20.

람들에게 전파되었고, 2세기경 기독교가 공식 종교로 인정받을 무렵 시리아의 오쇼어네[17] 지방에서 처음으로 동 교회가 시작되었다. 사도 바울이 환상으로 성령의 인도를 받아 복음 전파의 방향을 서쪽으로 정하고 그리스에서 활동함으로써 교회의 기초가 세워지는 때에 다른 사도들은 애굽과 에티오피아에서 전도하였다.[18] 이때 예루살렘과 안디옥과 에데사는 선교사를 훈련하고 파송하는 목회와 선교활동의 중심지가 되었다.[19] 로마세계와 소아시아에서 교회의 발전에 기여한 인물들은 엄격한 교육과 훈련을 받고 성장하는 교회의 핵심적 역할을 하는 지도자와 교부들이 되었다.

사도들이 사망한 후 교부들은 계속하여 교회의 성장을 유지했다. 암브로시우스, 크리소스톰, 제롬과 어거스틴 등 많은 교부들이 초대 교회에서 큰 영향력을 행사했던 것이다. 그런데 이때 교회는 시리아어를 사용하는 동쪽의 안디옥과 그리스어를 쓰는 서쪽의 알렉산드리아 두 문화권으로 나뉘어져 있었으며 상호 간에 사상적 이해가 원활하지 못했다. 동쪽과 서쪽에서 뚜렷하게 다른 문화적 환경에 거주하던 기독교인들은 오랜 세월이 흐르는 동안 그 사이가 더욱 벌어졌다. 결국 이 차이점과 거리감은 각각 서로 다른 방향으로 발전해 가는 길을 택하여 성장하는 두 종파를 낳았다. 희랍과 로마 배경을 갖는 종파 교회는 서쪽으로 팽

---

17 요한복음 12:24 및 J. B. Segal, *The Edessa City* (Oxford: Clarendon Press, 1970), 78.
18 Boer, *A Short History of the Early Church*, 24-25.
19 J. Stewart, *Nestorian Missionary Enterprise* (Edinburgh: T&T Clark, 1928), 77-89.

창을 계속하여 스칸디나비아와 영국에 이르렀고,[20] 아시리안 종파 교회는 동쪽으로 이동해 갔다.[21] 서방세계의 교회는 313년 로마제국에서 종교 자유를 선포한 콘스탄티누스 대제 치하에서 성장을 계속했다. 테오도시우스 황제가 기독교를 로마제국의 국교로 정한[22] 이후 로마가 교회 내에서 발생하는 제반 신학적 분규와 함께 교회 치리 문제에 개입하여 판결해 주는 역사가 시작되었다. 그리하여 로마 종파의 총주교는 로마제국 서쪽에 있는 모든 교회의 수장이며 교황으로 알려지게 되었다.[23]

다양화한 하나의 교회

교회 간의 신학적 갈등이 제국의 통일을 위협한다고 본 콘스탄티누스 황제는, 전체 교회의 종교회의를 소집했다. 로마제국이 승인한 종교인 기독교가 황제의 목적인 통일된 제국의 유지를 저해해서는 안 된다고 믿었기 때문이다. 사실 로마제국의 서쪽과 동쪽 사이에는 주요한 신학적 차이점이 있었다.[24] 교회는 그리스도의 인성에 관한 신비를 인지하고 있었지만, 그럼에도 불구하고 삼위일체 논쟁은 325년의 니케아 공의회와 381년의 콘스탄티노플 공의회의 주요 문제가 되었다.[25] 그 후 기독론 논쟁은 교회의 다양화 추세를 단계적으로 더욱 확대시키는 결과

---

20 J. Gilman, *Christian in Asia before 1500* (Richmond: Curzon Press, 1999), 24.
21 Segal, Edessa, *The Blessed City*, 62, 78-82.
22 W. Walker, *A History of the Christian Curch* (New York: Charles Scriber, 1970), 118.
23 Boer, *A Short History of the Early Church*, 29-30.
24 Ibid., 109.
25 Ibid., 116.

를 낳았던 것이다.

428년 로마 황제는 네스토리우스를 콘스탄티노플의 총주교로 임명하였다. 네스토리우스는 안디옥파의 신학을 굳게 신봉하였으며,[26] 그의 가르침에서 마리아를 '그리스도의 어머니'로서 호칭했다. 반면에 알렉산드리아의 총주교 키릴(421-444)과 그의 추종자들은 '하나님의 어머니'로 부르는 것을 지지하였다. 네스토리우스의 경쟁자로서 키릴은 황제에게 자기 의견을 편지로 쓰고 또 황후와 로마 교황과도 접촉하면서 마라아에 관한 네스토리우스의 가르침을 공박하였다. 네스토리우스도 교황에게 상소했지만 키릴보다는 외교적이지 못했으므로, 로마교회의 대세는 신학적 입장보다 정치적 고려에 따라 알렉산드리아를 지지하였다. 서기 431년 소집된 에베소 공의회는 알렉산드리아의 입장을 채택하고 네스토리우스는 처벌하는 쪽으로 문제를 종결지었다. 20년 후인 451년 소집된 칼케돈 공의회는 그리스도의 온전한 신성과 온전한 인성 교리를 확정 지었다. 그러나 칼케돈에 참석한 교회 대표들 중에는 여전히 예수의 위격은 신령한 것이므로 그를 인간으로 볼 수 없다는 입장을 버리지 않는 사람들이 적지 않았다. 따라서 이 문제는 결코 완전히 해소된 것이 아니었고[27] 이 때문에 단성론 논쟁은 그 후에도 계속되었으며 기독교회의 분열은 한층 더 심화되었다.[28] 서교회와 동교회는 서기 1054년 최종적으로 분리되었고,[29] 그 후에도 서교회의 다양화 역사는 계속되어 갔다.

---

26 Ibid., 169-170.
27 Ibid., 172.
28 Ibid., 173.
29 Walker, *A History of the Christian Church*, 203.

현재 양 교회의 관계

서교회가 유럽과 미주 대륙으로 이동하는 동안에 동교회는 아시아 대륙의 대부분 지역으로 팽창했다. 동방의 기독교 종파 중 하나가 당조 중국에 들어와 경교라는 이름으로 소개되었을 때, 그 선교사역은 그리스-로마 교회와 전혀 상관이 없었다.

네스토리우스파 또는 경교로 소개된, 당조 중국에 유입된 기독교의 특성은 다음과 같이 요약할 수 있다.[30]

1. '하나님의 어머니'로서 성모 마리아를 경배하는 일을 받아들이지 않았다. 그 이유 중의 하나는 마리아를 신격화하는 것으로 잘못 인식되는 폐해를 방지하려는 것이었다.
2. 형상을 신성시하며 경배하는 행위를 단호히 물리쳤지만, 십자가만은 기독교의 상징으로 인정하고 표시했다. 다만 당조 중국에 온 선교사들의 사역을 적극적으로 협력해 준 몇몇 당나라 황제의 초상화를 교회에 봉안한 사실이 경교 비석에 기록되어 있다.
3. 중국의 경교도들은 사망한 자를 기념하여 기도했는데, 목판에 이름을 써서 만든 위패를 사용하였다.
4. 경교 신자들은 성찬식에서 그리스도께서 육신으로 임재하는 것이라고 가르치고 믿었다.

20세기에 이르도록 동서 양 교회 간에는 목회적인 교류가 전혀 없었다. 그런데 최근 동서 양 교회 사이에 주목할 만한 관계의 발전을 엿

---

30 Saeki, *The Nestorian Momunent in China*, 112-3.

볼 수 있다. 1933년 동교회의 총주교 말-쉬문 21세가 시리아에서 축출되어 장기간의 피신과 방랑 생활을 하던 끝에, 디모데 감독이 정착해서 세운 미국의 시카고 교구에 자리를 잡게 되었다.[31]

20세기의 개신교 선교사역은 통일의 방향으로 꾸준히 진보하는 역사였다. 즉 1910년 영국 에든버러에서 개최된 세계선교대회는 현대 초교파 운동의 모든 구조와 형태의 시발점이 되었다.[32] 1964년 교황 요한 23세가 제2차 바티칸 공의회에 로마 천주교 이외의 교회 대표들을 초청하였다. 이는 5세기의 에베소 공의회에 시리아 종파 교회 대표들이 서방 세계 교회와 함께 참여한 이래 처음 있는 일로서, 가히 역사적 발전이라고 할 수 있었다.

1975년 말-쉬문 21세가 사망한 후, 말-딩카 6세가 총주교로 선출되어 전임자가 추구하던 노선을 계승하는 중 세계교회협의회에 가입하게 되었다. 드디어 1994년 교황 요한-바오로 2세는 말-딩카 6세와 로마에서 역사적 회동을 마치면서 신학적 대화를 진지하게 시도하는 일에 합의하였다.[33] 마침내 양 교회의 정상 지도자들 간에 소통과 협력의 돌파구를 향한 획기적 시도가 약속되는 신호탄을 올리게 된 것이다. 로마 가톨릭 교회와 아시리아 종파 교회 사이에 대화가 진행되고 있는 상황에서도 아직 콥틱 정통 종파 교회는 대화에 냉담한 반응을 보이고 있는 현실은 과거 1570년 이상 끌어온 묵은 상처가 그리 쉽게 아물지 못

---

31 C. Baumer, *The Church of the East, An Illustrated History of Assyrian Christianity* (New York: Tauris & Co., 2006), 269.
32 Neill, *A History of Christian Missions*, 542.
33 Baumer, *The Church of the East, An Illustrated History of Assyrian Christianity*, 280.

하는 현실을 반영하고 있다고 할 것이다.[34]

네스토리우스파 교리: 네스토리우스의 가르침

네스토리우스는 에데사 부근에서 출생했고 안디옥에서 교육을 받았다. 그는 동교회에서 두각을 나타내는 지도자가 되었으며 많은 추종자의 인망을 얻었다. 황제의 임명을 받고 콘스탄티노플의 총주교가 됨으로써 로마제국의 교회 내에서 요직에 올랐다. 한편 알렉산드리아의 총주교 키릴은 서 교회를 대표하는 지도자로서 네스토리우스와 매사에 치열하게 대립하는 경쟁자로서 적수가 되었다. 431년에 개최된 에베소 교회 공의회에서 키릴은 기독론 논쟁을 기회로 삼아 네스토리우스를 이단자로 고발하는 데 성공했다. 그리고 정당한 변론의 기회조차 없는 상황에서 네스토리우스에게 부당한 처벌이 내려지도록 정치적 공작을 벌였다.[35] 공의회의 결의로 네스토리우스는 교회에서 제명되었으며 콘스탄티노플 총주교의 지위도 박탈되었고, 애굽으로 유배되어 사망하였다. 그의 추종자들도 함께 이단자로 핍박을 받았으므로 로마 영지를 떠나 피신하게 되었다.

네스토리우스는 에베소 공의회 이래 오랫동안 이단자로 알려져 왔으나 최근 그의 신학적 입장에 대한 새로운 연구와 평가의 필요성이 대두되고 있다. 네스토리우스가 시리아어로 저술한 원고를 익명자가 영어로 번역한 책(Driver, *Nestorius, the Bazaar of Heracleides*, 1925)이 발견

---

34 Ibid., 283.
35 J. Young, *By foot to China: Mission of the Church of the East, to 1400* (Tokyo: Radiopress, 1984), 38.

됨으로써 그에 대한 재평가의 계기가 마련된 것이다. 과연 네스토리우스가 이단자였느냐를 다시 물어야 한다는 견해들이 나오게 된 것은 네스토리우스의 교리적 입장이 로마 교회의 입장과 상이하다는 증거가 없다는 사실이 분명해진 까닭이다.[36] 그렇지만 네스토리우스는 서교회로부터 오랫동안 오해를 받고, 동교회에게도 배척되었으며, 따라서 그는 양 교회로부터 정치적으로 부당한 처우를 받은 사람이 되어 역사의 뒤안길로 사라진 것이다. 그는 로마 교회에서 사역하는 것을 허락받지 못했지만, 로마 황제는 그에게 칼케돈 공의회 참석을 허용했다. 그러나 451년 네스토리우스는 황제의 초청 사실을 알지 못한 채 사망했다. 한편 그에게는 충실한 추종자들이 많이 있었는데 그들도 로마 교회에서 사역할 수 없었으므로, 페르시아로 이동하여 시리아 교회 산하에서 사역을 계속했다. 그들은 로마 교회와의 분쟁을 피하기 위해 복음 전도를 동쪽으로만 전개함으로써 아시아의 네스토리우스파 교회가 등장하게 된 것이다.

  네스토리우스파는 그들의 선교활동을 아라비아, 투르키스탄, 말라바르, 티베트, 몽골 등 지역으로 확장하였다. 메소포타미아와 페르시아의 기독교인들은 안디옥 교회와 같은 신앙을 가지고 있었다. 동교회의 신자들은 안디옥 교회를 모교회로 여기며 모든 면에서 우월하다고 생각했다. 비록 동교회가 네스토리우스에 대한 오도된 평판으로 인해 서교회와 결별하게 되었으나, 동교회는 니케아 신조를 충실하게 유지했으므로 근본적으로 서교회와 교리적으로 동의하고 있었던 것이다.

---

36 Ibid., 44.

고대 중국

고대 중국은 유사 이전부터 황하 유역에서 고도로 발달된 문명을 소유한 세계 최고의 문명국가 중 하나였다. 그러나 한편 지정학적인 이유 때문에 중국은 오랜 세기 동안 세계로부터 격리된 채 외국인에게 문호를 개방하지 않고 폐쇄된 나라로 자족해 왔다. 현재도 서구인들은 중국과 그 전통에 대하여 보다 많은 것을 이해할 필요가 있을 것이다. 그러므로 본 논문은 고대 중국인과 그들의 세계관과 관습에 관한 연구 조사에 힘을 기울였다.

문명과 전통

독특한 문자와 발음으로 조직된 언어 체계를 소유한 중국인은 기원전 3000년경 멀리 중동으로부터 황하 유역으로 이주해 와서 정착하기 시작했다.[37] 중국문화가 원래 고대 메소포타미아 문명에 그 뿌리를 두고 있다고 본다면, 고대 중국인 스스로가 전적으로 독자적인 문명을 이룩한 것이라고 볼 수는 없다.[38] 고대 중국인은 높은 산맥들을 포함하는 지리적 장애물을 역으로 이용하여 외부로부터의 침입자들을 막아 낸 것이었다. 고대 중국의 발전상을 역사적으로 기록한 문건은 이미 기원전 2200년경 하나라 시대로 거슬러 올라가고 있다. 이즈음 중국인은 천문학과 공간 및 시간 개념의 지식을 토대로 한 달력의 원리를 발명하였었다. 정확한 기록을 필요로 하는 달력을 기원전 1760년경 상나라 시대에

---

37 T. de Lacouperie, *Western Origin of the Early Chinese Civilization from 2300 BC to AD 200* (Osnabruck: Otto Zeller, 1966), 10.
38 Ibid., 12.

이미 충분히 개발하였고,[39] 그 후에 널리 활용되어 오고 있는 것이다. 이 시기에 상형문자로서 한문이 개발되었음으로, 기원전 7세기에 이르러 노자와 공자가 교육 제도를 정비하고 철학과 윤리를 가르치게 되었다.[40]

노자와 공자는 유일신 하나님의 신비를 인지했으며, 이 생각을 그들의 가르침에 통합해서 반영하였다. 그런데도 그들의 제자들은 노자와 공자의 고상한 가르침을 충분히 이해하고 유지하는 데 실패하였다. 한 조 중국 시대에 불교가 퍼지기 시작했을 때, 유일신 개념이 희석되었고 점차 사라져 버린 듯하다. 그다음 몇 세기 동안 불교에서 비롯된 범신론 개념이 중국인들의 정신세계를 압도하게 되었다.

창조주 하나님의 유일신 개념이 존재한 증거

고대 중국 문명이 장구한 세기 동안 서양 세계로부터 격리되었고 또한 불교에서 비롯된 범신론이 존재하였음에도 불구하고, 유일신 개념이 계속 중국인의 마음에 영향을 주었다는 것 역시 분명해 보인다. 레게(Legge)는 유일신적 하나님 개념을 중국의 고전과 중국의 축제 행사에서 찾아볼 수 있다고 지적한다. 즉 고대 중국의 왕들이 연례 행사로 새해 첫날에 전 국민을 대표해서 거행하는 제사 의식의 대상이 유일신적 신령이었다는 것이다.[41] 현대 중국에서도 그 자취를 볼 수 있다. 16세기

---

39 S. W. Williams, *The Middle Kingdom, A Survey of the Geography, Government, Literature, Social Life, Art and History of the Chinese Empire and Its Inhabitants* (New York: Paragon Press, 1996), 75.
40 Halverson, *The Compact Guide to World Religions*, 75.
41 J. Legge, *The Notions of the Chinese Concerning God and Spirits* (Hong Kong: Hong Kong Register Office, 1852), 53.

에 명조 중국 때에 복원된 백색 대리석 천단이 베이징에 있는 것이다.[42]

더욱이 고대 중국인이 성경 창세기에 기록되어 있는 창조주 하나님 설화를 구상하고 믿었다는 증좌는 상형문자인 한자가 제정되는 과정에서도 찾아볼 수 있다. 예를 들면 큰 배를 뜻하는 船(선)이라는 문자는 작은 배를 뜻하는 舟(주), 숫자 여덟을 뜻하는 八(팔), 그리고 사람의 입을 뜻하는 口(구) 이렇게 세 요소로 구성되어 있다. 따라서 船(선)이라고 하는 글자는 "여덟 사람이 배를 타고 있다"는 뜻이 된다. 이것은 구약 성경의 대홍수와 노아의 방주 설화를 반영하고 있다는 것이다. 즉 노아의 식구 8명이 큰 배인 방주를 만들어 타고 대홍수로부터 구출받았다는 창세기 설화와 기묘하게 맞아떨어진다. 이와 같은 사례는 약 일백 개의 한자에서 찾아볼 수 있다는 것이다.[43]

기원전 10세기경 유일신 하나님 개념이 도입되었다고 볼 수 있는 또 다른 증거 자료가 있다. 중국 왕실에서 팔레스타인을 방문한 기록이 전해지며 이는 주나라(기원전 1100-221) 제5대 왕과 관련되어 있다. 그는 주의 목왕이며 기원전 967년에서 928년까지 왕위에 있었다.[44] 그의 여행을 자세히 기록한 문건이 5세기에 발견되었는데 천마 여덟 필이 끄는 마차로 서쪽 팔레스타인 나라에 가서 '왕서모'를 만났으며 중국에

---

42 현재 북경에 있는 옛 궁전터에서 볼 수 있다. 중국 명나라 때 복원되었으며 19세기 청나라를 경유하여 지금에 이르는 유적이다. 고대 중국(2200 B.C.)에 비롯된 신년 초 제례를 왕이 제주가 되어 유일신 천제에게 올린 흔적을 여기에서 찾아볼 수 있다고 전한다.
43 C. H. Kang & E.R. Nelson, *The Discovery of Genesis* (St. Louis: Concord Pub. 1990), 95.
44 J. Legge, *The Chinese Classics, The Shoo King: Cannon of Shun* (Taipei: Southern Materials Center, 1983), 33-34.

돌아오기까지 오래 머물렀다고 한다. 서쪽의 제왕이 누구인지를 연구한 결과 기원전 970년에서 930년까지 치세한 솔로몬 왕일 것으로 추측된다는 것이다. '왕서모'라는 이름은 아마도 '솔로몬'이라는 그리스 혹은 히브리 말의 중국어 음역 과정에서 변형된 표기로 추정된다. 이 전설로 미루어 볼 때 모세 오경 혹은 적어도 십계명에 관한 지식이 고대 중국 학자들에게 전해졌으리라는 추론이 가능하다는 것이다.

또 한편 기원전 800년경에 나라가 망하고 포로와 유랑민이 된 북왕조 이스라엘 백성은 귀향하지 못하고 중앙아시아에 흩어졌는데 그들 중 몇몇이 중국 주나라까지 왔을 개연성을 제기하기도 한다. 따라서 노자와 공자가 십계명에 대하여 알 수 있는 기회를 가졌으리라고 추측할 수도 있게 된다.[45] 공자는 생전에 제자들에게 인생의 사후에 대하여 논의하지 않았으나, 하나님을 경외하는 일을 그의 예법과 의식을 통하여 가르쳤다.[46]

중국인들은 여호와 하나님의 속성을 분명히 몰랐으나 조물주로서의 유일신 하나님을 경외하였다. 하나님이 황제들에게 백성을 다스리는 권위를 위임한 것으로 믿었다. 고대 황제들은 하나님을 경외하면서 백성들에게 생활의 원리를 가르칠 때 인권의 존중과 윤리의 준수에 중점을 두었다. 공자 역시 하나님이 부모에게 가족을 다스리는 권위를 위임한 것은 그들이 하나님처럼 인간을 창조하는 일을 맡아서 하는 까닭이라고 가르쳤다. 부모가 자녀를 출산하는 능력이 인간을 창조하는 하나님의 능

---

[45] 역대기 하 9:23.
[46] Don Y. Lee, *An Ouline of Confucianism, Traditional and Neo Confucianism, and Criticism* (Bloomington: EasternPress, 1985), 7.

력과 같다고 생각하는 것이 바로 효도 개념의 기본이 되었다. 그래서 부모를 존경하고 가족이 서로 책임을 다하는 윤리적 원리가 궁극적으로 중국인의 문화로 정착했다는 것이다.

기독교 선교 현장의 문화적 배경

경교 선교사들은 중국 역사상 공식적으로 중국에 입국한 최초의 기독교 개척자였다. 그들이 수도 장안에 도착했을 때, 중국 왕실은 마치 그들이 입국하여 성경을 가르치며 기독교 진리를 알려주기를 학수고대하고 있었다는 듯이 크게 환영하며 영접했다. 이미 도교와 유교는 중국 고유 종교로 뿌리 깊게 자리잡고 있었고, 불교는 외래 종교로 받아들여졌으나 수세기에 걸쳐 성장을 거듭하고 있던 상황에서, 중국 왕실이 경교를 전례 없이 환대하며 기독교에 대한 지대한 관심을 나타낸 것은 특기할 만한 일이었다.

서기 7세기 중국의 지정학적 상황

고대 기독교회는 중국에서 독특한 방식으로 개척되었다. 635년 경교 선교사들이 중국의 수도에 도착했을 때 이미 그곳에는 몇몇 불교 종파들이 확고히 자리 잡고 있었다.[47] 당시 페르시아와 중국 사이에 정치적 교류가 존재했으므로 페르시아는 중국에 대하여 잘 알고 있었다. 일찍이 기원전 7세기경부터 그리스인도 중국에 대하여 알고 있었고, 중국과 더불어 비단길로 알려진 무역 통로 주변 부족들도 역시 그리스에 대

---

47 Saeki, The Nestorian Momument, 126.

하여 생소한 처지는 아니었다. 그러나 중국과 로마제국 간 최초의 공식 접촉은 166년경 비로소 시작되었다.[48] 서기 2세기경에는 홍해를 따라 애굽으로부터 오는 해상의 비단길도 열려서 주로 페르시아인과 유대인 무역 상인들이 활용하였다.[49] 643년에는 로마제국 수도에서 중국 황실에 외교사절을 파견하여 홍옥과 녹보석 등의 예물을 보내온 기록이 남아 있다.[50]

    오랫동안 격리 폐쇄되어 있던 중국 땅에 기독교 신앙을 전파하는 길에는 높은 산들과 광대한 사막 등 가시적 장애물이 있어서 도보 여행을 지극히 어렵게 했다. 그럼에도 불구하고 상업적 이익을 위하여 비단길을 통과하여 중국까지 오는 대상들이 있었다. 한편 7세기경부터 극동에 복음을 전하기 위하여 비단길 대장정에 나서서 지리적 장벽을 극복하려고 시도한 선교단체들이 등장했다. 그런가 하면 눈에 보이지 않는 장벽도 있었는데 그것은 고도로 발달된 독특한 문화와 정치적 상황 등이 혼합된 심리적 장벽이었다. 외국에서 들어오는 모든 사상 이념은 극심한 반대와 저항에 부딪쳐야 했고, 낯선 외래 종교의 교리는 현지인들이 납득하고 용납할 때까지는 무조건 이단으로 적대시당했다. 생소한 종교의 교리가 신뢰할 수 있다는 인정을 받으려면 참으로 오랜 인고의 기다림이 필요했던 것이다.

---

48 P.C.H. Chiu, *A Historical Study of Nestorian Christianity in the T'ang Dynasty between AD 635-845*(Fort Worth: Southern Baptist Theological Seminary, 1987), 59.
49 Ibid., 65.
50 Ibid., 61.

고대 중국의 종교와 철학

635년에 경교 선교사들이 중국 수도에 도착했을 때, 그곳에는 이미 몇몇 외래 종교의 분파가 있었고, 특히 중국 고유의 종교 사상인 노자의 철학적 교훈과 공자의 윤리적 가르침 등이 있어 중국인들의 마음과 생활에 영향을 끼치고 있었다. 그러므로 경교의 선교사들이 복음을 들고 찾아간 피선교지를 이해하려면 중국 문화의 영적 차원에 관련된 제반 사항을 숙지하는 일이 긴요하다.

노자와 그의 자연철학: 도교

도교의 사상은 난해하고 심오하여 그 가르침이 대부분 모순되게 들리며 서방세계의 사고방식과는 상반된다는 느낌을 피할 수 없다. 도교의 교훈은 모든 것이 자연 안에서 관계를 갖는다는 이른바 자연주의 사상에 기초를 두고 있다. 도교 신봉자에게 있어서 '도'는 무한히 신비한 것이다. '도'는 아는 것을 초월하며, 묘사의 한계를 넘어서고, 식별되지 않는 것이라고 한다. 도교는 중국인의 심성에 깊이 녹아들어 있기 때문에 도교의 자연주의를 모르고는 중국 사람을 이해할 수 없다 해도 과언이 아니다. 도교는 지성적 사고나 윤리적 규범으로 도전하지 않는다. 오히려 "삶의 의미는 무엇인가?" "죽음 이후에는 무슨 일이 생기는가?" 따위의, 인간성의 내면을 파고드는 철학적 질문을 던지며 접근한다.

《도덕경》은 도교의 경전으로 중국인들 간에 평판이 가장 좋고 영향력이 가장 큰 책 중 하나이다. 《도덕경》의 저자에 관하여는 학자들 간에 다소간 이견이 있다. 《도덕경》이 복수의 작가들에 의해 집필된 합작품이며 그 내용은 수세기에 걸쳐서 정리 편집된 책이라고 생각하는 사람들이 있는가 하면, 《도덕경》을 한 사람의 작품으로 믿으며 그 저자에게 노자라는 명예로운 명칭을 부여하는 사람들도 있다.[51] 일반적으로 도덕경은 기원전 6세기경 '누관태'라는 지방에서 노자가 썼다고 전해지고 있다.[52] 저자 문제와 상관없이 다른 어느 중국 서적도 《도덕경》만큼 극동에 사는 사람들의 마음에 영향을 준 단행본은 없을 것이다.[53]

왕이 되기 전에는 이세민으로 알려졌던, 당나라의 태종 황제는 스스로 노자의 후손이라고 주장하며 도교를 증진시킨 사람이다. 그는 '누관태'의 도교 성지 축조에 막대한 자금을 투입하여 도교의 활성화를 지원했다. 630년에는 그 지역 일대를 '제국 선조 사원'으로 선포함으로써 부근의 언덕과 골짜기에 수많은 사당들이 세워지고 사람들의 내왕이 끊이지 않는 성황을 이루었다.[54] 이 시절 왕의 장려와 후원으로 도교는 마치 들불이 퍼져 나가듯 흥왕하였다. 왕성하게 부흥하는 도교가 중국 사람들에게 열렬한 환영을 받는 듯했으나 '도'의 개념을 통한 가르침 자체에는 허점이 있었다. 그것은 이 종교가 인간의 보편적 문제에 대하여 진정한 설득력 있는 해법을 제시하지 못했다는 점이다. 《도덕경》은 속죄의 필요를 언급했다. 그러나 '도'는 끝내 죄 사함의 길을 열어 주지는 못했다.

공자와 그의 인륜 도덕 철학: 유교

유교는 사람이 인간관계 속에서 어떤 삶을 살아야 하는가를 가르치

---

51 Halverson, *The Compact Guide to World Religions*, 219.
52 Wing-Tsit Chan, *A Source Book in Chinese Philosophy* (Princeton: Princeton Universoty Press, 1963), 139.
53 Halverson, *The Compact Guide to World Religions*, 220.
54 Palmer, *The Jesus Sutras*, 16.

는 일종의 도덕 철학으로 고대 중국의 성인 공자가 개발한 것이다. 공자의 저작은 대개 그의 노년에 쓰였다. 생애의 대부분을 중국 각지를 여행하며 보낸 그는 나이 68세에 이르러 비로소 제자를 가르치며 글을 쓰는 일에 전념하였다. 그의 교육과 집필의 목적은 개인의 양심에 내재하는 도덕적 책임의 본질을 찾아 삶으로 구현하는 일이었다. 이 개념을 '仁(인)'이라고 하는데, '인'은 본래의 선한 인간성을 의미하는 것이다. 공자는 초자연적 영감보다는 이상적 인간상의 실현을 탐구하였다.[55] 공자는 영혼의 문제에 대해서는 논하지 아니했다. 그는 사람이 죽으면 어떻게 되느냐고 묻는 제자에게 이생의 문제도 해결하지 못하면서 어찌 사후의 일을 논할 수 있겠느냐고 반문했다고 전해진다. 공자의 말에 의하면, 죽은 조상을 향해 절하며 제사하는 것은 보이지 않는 영혼에 대한 숭배라기보다 선조를 존경하는 마음을 북돋아주는 데 그 뜻이 있다고 했다. 이와 같은 공자의 가르침은 기독교적 관점으로 볼 때 성경의 가르침과 모순된다고 볼 수는 없다.[56]

유교의 경전은 '여러 책의 묶음'으로 구성되는데 '사서 오경'을 핵심으로 삼는다. 사서는 《대학》, 《논어》, 《맹자》와 《중용》을 말하며 오경은 《서경》, 《시경》, 《역경》, 그리고 《예기》와 《춘추》를 뜻한다. 주로 공자와 그의 제자들이 창작하고 후대의 학자들이 계속 편찬하여 집대성한 것이다. 그 외에도 《논어》와 더불어 《효경》이 '십삼경'의 하나로 널리 알려지고 있다. 유교의 경전은 오랫동안 고대 중국의 과거 제도에서 응시자들이 공부해야 할 필수 과목의 교재로 사용됐다.[57] 유교 문화와 정치 제도

---

55 Wing-Tsit Chan, *A Source Book in Chuinese Philosophy*, 15.
56 Halverson, *The Compact Guide to World Religions*, 83.
57 W. T. Chan, *A Source Book in Chinese philosophy*, 51.

는 통합되어서 상호 보완하고 서로 강화시켜 주는 관계를 유지해 왔던 것이다.⁵⁸

당나라의 다른 종교들

경교의 선교활동 시기에 중국에서 가장 큰 영향력을 가진 외래 종교는 불교였다. 불교는 석가가 기원전 6세기에 창시한 종교이다. 인도의 왕족이었던 석가는 출가하여 가족과 호화로운 생활을 뒤로하고 인생의 생로병사, 즉 나고 늙고 병들고 죽는 네 가지 고통의 근본을 탐구하는 데 헌신했다. 석가는 고통의 근원을 해소하는 교화의 길을 찾기 위하여 9년 동안 철저한 금욕 생활을 하며 수행했다. 그는 깨달음을 얻고 난 후 설법을 위한 순행 길에 나섰다. 그의 설법 내용은 '사법리'로 알려져 있다. 그를 따르는 추종자가 천여 명에 이르게 되자 자연스럽게 불교 공동체가 형성되었다. 초기의 제자들은 불타 석가의 말씀을 불도의 근거와 수행 생활의 질서를 위한 규범으로 생각했다. 오늘날 보존되어 있는 불경의 역본들은 초기 3세기 동안에 구전으로 전해지다가 점차 수집 정리된 원본을 필요에 따라 여러 종파로 전해진 것이다. 불교는 약 2세기 동안 인도의 국경 밖으로는 전해지지 않았으나, 아소카 왕(기원전 274-232)이 개종하여 독실한 불제자가 된 후부터 인도의 다른 지방과 멀리 타국으로 전파되어 시리아, 애굽, 그리스, 스리랑카 및 태국 등으로 퍼져 나갔다.⁵⁹

1세기에 불교는 소승불교와 대승불교로 분파되기 시작하였다. 소

---

58 Halverson, *The Compacr Guide to World Religions*, 74.
59 Ibid., 56.

승불교는 불타를 신이 아닌 사람으로만 인식했고, 대승불교는 불타를 우주의 절대자가 역사적 인격으로 현현한 존재로 보았다. 소승불교는 모든 사람이 오직 자신의 노력으로 해탈을 얻어야 한다고 가르쳤고, 대승불교는 먼저 해탈을 얻은 자인 보살이 아직 수도에 힘쓰는 중생들이 나아갈 길을 인도해 준다고 가르쳤다. 소승불교는 인도에서부터 동남아시아 지역으로 전해졌고, 대승불교는 중국, 한국과 일본을 포함한 동북지방으로 전파되었다. 한나라 시대에 대승불교는 중원에서 새로운 종교로 개척되고 계속 전국으로 널리 퍼져 나갔다. 7세기에 인도를 순례한 수도승 현장이 대량의 불교 경전을 중국에 들여와 인도 불교를 소개했고, 중국 정토종을 창시하였다. 불교는 점차 아시아 대부분의 지역에서 민중이 선호하는 종교로 자리 잡았다. 인도의 고승 아모가 봐디라는 불교를 중국 문화에 접목하는 데 성공한 인물로 알려져 있다.[60]

불교에 이어 역시 외래 종교인 배화교와 마니교 등이 비단길을 왕래하는 페르시아 무역 상인과 주민들에 의해 중국에 들어왔다. 중국 황제들은 중국 거주 페르시아인들이 자국의 종교를 신봉하는 것은 허용했으나, 그것을 중국인에게 포교하는 일은 허락하지 않았다. 7세기에 중국에 들어온 배화교와 마니교는 자주 기독교와 혼동되었는데, 그들의 특성에 유일신적인 가르침과 비슷한 요소가 섞여 있었기 때문이며, 심지어 불교의 이단 종파로 여겨지기도 했다.[61] 배화교는 세계에서 가장 오래된 종교 중 하나이며, 한때 페르시아의 국교이기도 했다. 배화교는 독특한 예배의식을 갖고 있으며 기독교와는 신학이나 교리 측면에서 많은 차이

---

60 Saeki, *The Nestorian Monument*, 134-5.
61 Foster, *The Church of the T'ang Dynasty*, 19.

점이 있고, 특히 장례방식에서 기독교와 분명하게 구별되는 요소들을 보게 된다.[62]

당나라의 경교 사역

중국인들은 경교 선교단의 입국 전에도 창조주 하나님과 십자가 종교에 관하여 아주 무지한 상태는 아니었다. 태종 황제는 경교 선교사들에게 당나라 수도 입성을 윤허하면서 그들을 크게 환영하는 뜻을 나타냈다. 복음전파를 가로막는 여러 장벽에도 불구하고, 경교도 선교사들이 당나라에서 선교의 교두보를 구축하는 업적을 확실히 성취해 낸 사실은 특기할 만하다.

네스토리우스파 교회의 발자취

아랍 그리스도인들은 의례히 시리아의 동 교회를 따르는 사람들이었다. 아라비아반도는 네스토리우스 교리 논쟁 이전부터 동 교회가 선교사업을 가장 일찍이 시작하였던 현장 중 하나였다. 225년에 이미 동남 아라비아의 콰타 나라에는 주교좌가 존재했던 증거가 있다.[63] 일찍이 고대 기독교 선교단이 아시아 대륙으로 진출하여 극동에까지 하늘나라 복음을 전파한 전통과 열성이 있었지만, 중국의 중원에까지 이르지는 못했었다. 그러나 인도에서 사역한 사도 도마의 선교단들은 극동에 그 자취

---

62 Mary Boyce, *Persian Stronghold Zoroastrianism* (Oxford: larendon Press, 1977), 139-163.
63 A. S. Atiya. *A History of Eastern Christianity* (London: Methuen &Co., 1968), 258.

를 남기고 있고[64] 심지어 도마의 제자가 한반도에까지 찾아온 고고학적 흔적을 더듬어 볼 수 있다고도 한다.[65] 비단길은 고대 로마와 중국을 잇는 고속도로와 같아서 상인과 여행자들이 다양한 상업 활동과 함께 문화 교류도 했으므로 고대 중국의 대도시에는 페르시아인, 아라비아인 외에 유대인들도 왕래하였던 것이다. 잃어버린 이스라엘의 열 지파들이 중앙아시아에서 유랑하면서 다수가 동방 세계 기독교로 개종하였다는 주장도 있다.[66] 그들의 대부분은 의술, 통역 등 각종 기능에 능통하여 다양한 전문직에 종사한 것으로 알려지고 있다. 그러므로 초기 동 교회 신도들이 중국에 들어와 있었을 가능성을 배제할 수 없다는 것이다.[67] 최초의 선교단에 관한 기록은 이쇼얍 2세(628-44)가 총주교로 시무했다는 기록인데[68] 구체적 관련 사실로 635년 알로펜의 입당 행차를 들고 있다. 이러한 역사적 연구는 1625년 중국 명조 때 장안(지금의 시안 西安) 근처에서 예수회 소속 선교사들이 목격한 거대한 돌비석의 비문이 입증해 줌으로써 가능하게 되었던 것이다.

경교의 배후 사정

동교회 신도들은 중국 당나라에서 전례가 없는 특별한 방법으로 선교 교회를 개척했다. 태종 황제는 635년 경교 선교사 알로펜 주교가

---

64 Tang, *A Study of the History of Nestorian Christianity in China and its Literature in Chinese*, 77.
65 I. S. Lee, *Christianity in the Teaching of Buddhism* (Seoul: The ChristianEducation, 2005), 90.
66 A Grant, *Nestorians* (New York: Harper & Brothers, 1841), 150.
67 Atiya, *A History of Eastern Christianity*, 262.
68 Saeki, *The Nestorian Monument in China*, 106.

도착하기 전에 경교 선교단 일행의 입국을 일단 시험 삼아 윤허하며 재상 방현령(房玄齡)으로 하여금 의장대를 동원해서 그들의 행차를 공식적으로 크게 환영하도록 하였다. 그러나 그 즉시 선교활동을 공식 허가하지는 않았다. 경교의 실체를 파악할 준비 기간이 필요했던 것이다. 황제는 우선적으로 선교사가 반입한 기독교 경서를 비롯한 서적을 황궁 도서관에서 학자들로 하여금 번역케 했다. 이때 유능한 불교 승려단 21명을 지명하여 연구에 동참 협력케 했다고 한다. 태종 황제 자신도 왕실 서재에서 선교단장 알로펜과 함께 지내면서 조물주에 대한 질의 문답을 하는 등 직접 연구 조사에 관여했다고 전한다. 약 3년에 걸친 검토를 끝마친 638년 마침내 황제는 기독교가 나라와 백성에게 유익함을 확신한다는 뜻을 칙령으로 선포하고 중국에서의 선교활동을 윤허하였던 것이다.

당나라 초대 황제인 고조는 열렬한 불교 신도였다고 한다. 그러나 고조의 모친은 외국의 경교도 귀족 가문 출신이었다고 한다. 고조의 아들로서 후에 당태종이 된 이세민은 어린 시절 조모와 함께 지내며 그 신앙적 영향을 받아서 기독교에 관심을 갖기 시작했을 것으로 추정된다.[69] 그러므로 당태종은 경교 선교사들이 오기 이전인 626년 황제 위에 오르던 때에 이미 기독교에 대한 관심이 있었을 것으로 보이는 것이다.

당 태종은 경교에 대하여 황실 원조를 계속 제공하며 수도 장안에 웅장한 교회를 건립하는 한편 전국에 수도원을 세우도록 하였다. 경교는 당나라 황실의 적극적인 비호와 지원하에 활발한 선교사역을 펴며 200년 이상 번창할 수 있었다. 선교사들은 기독교의 가르침을 '다친-칭치아

---

69 S. H. Moffett, *A History of Christianity in Asia, Vol. I* (San Francisco: Harper Cllins, 1992), 290-1.

오(大秦景敎)'라는 명칭으로 세상에 소개하였는데 직역하면 '로마의 광명 종교'라는 말로서, 일반적으로는 '경교'로 알려지고 있었다.[70] 당시 그리스-로마 교회는 중국에 온 기독교를 전혀 지원하지 않았으며 바티칸 교왕청은 중국의 시리아 교회를 무시했던 것으로 보인다. 세월이 흘러 13세기에 와서야 비로소 로마 가톨릭 교회는 경교 신도를 '네스토리우스파 성도'로 부르기 시작했다. 그때부터 중국의 경교는 네스토리우스파 교회로 알려지기는 했으나, 사실상 635년 당나라에 온 경교 선교단은 네스토리우스와 직접적 연관성이 없이 독자적인 계획을 실천했던 것이 분명하다.[71]

시리아 선교단이 중국에서 선교활동의 전성기를 맞고 있던 781년에, 아담(중국명 景淨)이라는 선임 선교사가 거대한 흑색 대리석 기념비를 세우고 경교의 당나라 선교활동의 역사적 배경과 그 업적을 비문으로 새겨서 세상에 알렸다. 당나라 수도 부근 수도원에 세워졌던 이른바 '네스토리우스파 경교 기념비'는 얼마 후 외래 종교를 대적하는 세력으로부터 비문을 보호할 필요를 느끼게 되니, 지하에 매립하도록 지시했다고 전한다. 과연 845년에, 모든 외국 종교를 금지하는 칙령이 발포되어 기독교와 불교는 박해 대상이 되었으며, 마침내 경교는 지하로 잠적할 수밖에 없었던 것이다. 경교의 인명과 건물 그리고 모든 시설이 큰 피해를 입고 파괴되었다. 결국 경교비는 지하에 묻힌 채 잊혀졌고 모든 서적도 함께 사라져 버렸다. 그러므로 17세기에 경교비가 우연히 발굴되어 그 비문의 내용이 해독될 때까지, 세상 사람들은 중국 당나라에 기독교가

---

70 Saeki, *The Nestorian Monument* (San Francisco: Harper Collins, 1992), 165-7.
71 S. H. Moffett, *A History of Christianity in Asia, Vol. I*, 180.

존재하였던 사실조차 몰랐고, 따라서 선교활동과 그 업적에 대해서는 더욱 알 수가 없었던 것이다.

기독교 복음전도를 가로막는 보이지 않는 장벽들

복음을 들고 중국을 향하는 경교 선교사들 앞에는 그들을 막아서는 많은 장벽이 있었다. 우선 높은 산들과 넓은 사막 같은 지리적 장애물이 넘어야 할 장벽이었고, 그 밖에도 눈에 보이지 않는 보다 심각한 장벽이 있었으니 그것은 중국인들의 뿌리 깊은 문화적 우월감을 비롯하여, 세계관과 시간 개념의 현격한 차이, 그리고 그들 고유의 정치적 사회적 관행 등이 그것이었다. 특히 중국인의 세계관은 서양 철학에 기반을 둔 그리스와 로마 사람들의 세계관과는 판이하게 달랐다. '동양 철학'에서 비롯된 중국인의 세계관의 바탕에는 불교와 힌두교에서 볼 수 있는 환생의 개념이 깊이 배어 있다.

사정을 더 복잡하게 만드는 것은 고대 중국이 장구한 세월을 외부로부터 격리된 채 독자적인 문명을 발달시켜 왔다는 사실이다. 그들은 세상에서 가장 우수한 인종이라는 긍지를 갖고 있었고, 따라서 중국이야말로 '세계의 중심이 되는 천자의 나라'라는 자부심을 내세우며 주변 모든 민족을 오랑캐, 즉 야만인으로 여기고 그 나라들을 중국의 속국으로 치부했다. 7세기에 당나라에 온 경교 선교사들이 부딪친 가장 심각한 장벽은 중국인들의 문화적 우월감과 배타적 선민의식이었던 것이다. 선교사들은 중국인들이 조상으로부터 물려받은 전통과 높은 도덕적 수준에 완전히 만족하고 있다는 사실을 확인하게 되었다. 중국인들의 문화적 우월감과 충족감은 실로 대단한 것이어서 그 어떤 외래 종교도 그들에게

서 믿고 따르고자 하는 절실한 욕구를 불러일으키기 어려웠다.

　세계관의 차이 이상으로 시간 개념의 차이도 많은 난제를 야기했다. 서방 세계의 사람들은 시간이 직선적으로 흐른다고 보는 반면에, 동방 세계의 사람들은 시간의 흐름이 둥근 원의 형태로 되풀이된다고 보았다. 그 밖에도 착잡한 중국의 정치 풍토는 선교사들이 직면하지 않으면 안 될 가장 곤란한 문제의 하나였다. 시리아인 선교사들은 모든 정치적 상황에 예민하게 대응하며, 복음전파 사역이 전통적 관례와 충돌하지 않는 방식을 궁리해야 했다.[72] 경교 선교사들은 세계관, 시간 개념, 정치 문제 등에 대하여 적절하게 처신하는 지혜로운 방식을 찾아내어 잘 조정하고 적응해 나갔다. 그들이 사용한 방법을 제3장에서 구체적으로 탐색하게 될 것이다.

결론

　사도들이 그리스도의 지상 명령인 복음 전파의 사명을 받아 상이한 세계관이 지배하는 세상 끝을 향하여 복음을 전하기 시작한 때에 교회는 불가피하게 두 개의 종파로 갈라져야 했다. 서쪽은 그리스-로마 종파였고, 동쪽은 시리아-아르메니아 종파인데, 페르시아 교회는 후자에 속했던 것이다. 교회 지도자들 사이에서 벌어진 기독론 논쟁은 네스토리우스와 키릴이 대결하는 5세기의 에베소 종교회의 분쟁으로까지 확대되었다. 그 결과 네스토리우스파 교회로 알려지는 시리아 종파의 한 지교회가 로마 교회로부터 떨어져 나오게 되었는데, 이들은 페르시아에 자리

---

[72] Kawaguchi, *Kei Kyo [Christianity toward the Silk Road: A Record of Christian Mission in T'ang China]*, 291.

를 잡고 오로지 동쪽을 향하여 활발한 선교사업을 펴 나갔던 것이다. 다른 한편으로, 니케아 신조에 입각한 양성론이 정통교리로 유지되는 상황에서, 동쪽에서는 단성론이 나타나 강한 세력권을 형성하고 발전해 나가기 시작된 것이었다.

　　고대 중국인은 메소포타미아의 유풍을 전통으로 간직한 이민자들로서 유사 이전에 비단길을 넘어서 황하 유역에 와서 정착했다. 그들은 스스로 격리됨으로써 외부로부터 자신들을 보호하는 한편 장구한 세월에 걸쳐서 거의 변화없이 자기 보존을 하며 독자적으로 발전된 문명을 개발했던 것이다. 그런데 놀랍게도 중국인들이 유일신 창조주를 인식하고 신봉한 것으로 보이는 증좌가 남아 있다. 초자연적 존재에 대한 적절한 지식은 아직 부족했으나 하늘의 신이 군주와 부모에게 권위를 위임한 것으로 믿었다. 중국인에게 높은 수준의 도덕을 계몽한 위대한 교사와 철학자들이 있었는데, 그중 공자의 가르침을 중심으로 한 유교는 한때 한나라에서 뿌리를 내렸으며, 노자의 도교는 중국 전역에서 민간이 선호하는 토착신앙으로 발전하였다. 한편 불교는 서기 1세기에 인도로부터 중국에 유입되어 대중에게 널리 전파되었다. 7세기에 이르러서, 선구자적인 선교활동을 시작한 경교 선교사들이 성경을 지참하고 천애의 장애물을 넘어서 기독교의 복음을 당조 중국에 들여오는 데 성공했다. 경교 선교사들은 동서 세계가 처음으로 상봉하는 과정을 통하여 중국인들과 역사적인 접촉을 시작했던 것이다.

제3장

경교 선교단의 복음 전파

경교 선교단의 복음 전파

기독교가 처음으로 중국에 전파된 역사는 당조 중국의 수도였던 장안(현재의 시안) 근처에서 서기 781년에 건립된 한 석조 비석이 발견됨으로써 밝혀지기 시작한다. 비문은 1870자로 구성되었고 기독교 선교단의 업적을 기념하는 내용을 담고 있다. 이 비문에는 중국이 경교 선교단을 용납한 경위와 중국인들이 받아들인 복음에 관한 상세한 설명이 나온다. 이것은 고대 당조 중국의 기독교인이 무엇을 어떻게 믿었는지 알 수 있게 하는 귀중한 근거를 제공한다. 즉 기독교의 선교활동이 중국에서 허용된 과정과 그 신도들이 순응했던 신앙생활의 지침을 알려 주는 최고의 원천적 자료인 것이다.

후일 네스토리우스파 경교 기념비로 알려지는 석비는 역사적으로나 그 필법으로 보아 진품으로 판명되었다.[73] 경교 기념비의 발견 이전에는 중국에 들어왔던 경교 선교단에 관한 정보를 전해 주는 어떤 기록도 문헌도 알려진 것이 없었다. 20세기에 이르러 중국 동북부에 위치한 돈황 석굴에서 발견된 유물에 대한 연구 보고서들이 공개됨으로써 중국

---

73 Saeki, *The Nestorian Monument in China*, 81.

의 경교 선교활동의 실상을 뒷받침하는 자료들이 추가되었다.[74] 비문에 따르면 선교단에 의해 중국에 도입된 기독교의 명칭은 '다친-칭 치아오(大秦景教)'라고 하는데, 직역하면, '로마제국에서 온 광명한 종교'라는 뜻이다.

경교 기념비는 시리아 교회의 중국 선교 배경을 서술하였고, 그들이 전한 기독교 신앙은 로마 가톨릭 교회의 그것과 기본적으로 다르지 않다는 사실을 보여 주고 있다.[75] 당 태종(627-649)은 중국 역사상 가장 탁월한 황제 중 하나였다. 그는 페르시아의 다른 종교를 포함하여 여러 외래 종교를 허용하는 정책을 폈으므로, 경교 선교단도 받아들여졌고 기독교 신앙의 전파가 가능했던 것이다.[76] 그러나 경교가 도래하기 이전에 이미 중국인의 생활과 문화에는 유교, 도교 등 재래 종교와 정령 숭배 같은 민간 신앙이 깊숙이 뿌리내리고 있었다. 세월이 흐르며 경교에 협력적이던 황제들의 시대가 지나가고, 재래 종교들의 경교에 대한 경계심이 고조될 즈음 새 황제 무종(武宗)이 외래 종교인 불교 타파 칙령(會昌滅法)을 내리면서, 같은 외래 종교인 경교도 극심한 박해를 받아 결국 중국 땅에서 자취를 감추게 되었던 것이다.

그 후 경교는 조직된 교회 형태로는 더 이상 중국 땅에 존속할 수 없었지만 이들의 영향이 남긴 현저한 흔적은 중국뿐 아니라 인근 극동 국가의 종교와 풍습에서 지속적으로 발견되고 있다. 이상의 사실을 뒷

---

74 Kawaguchi, *Key-Kyo [Christianity Toward the Silk Road: A Record of Christian Mission in T'ang China]* (Tokyo: e-Grape, 2007), 171-3.
75 Young, *By Foot to China: Mission of the Church of the East, to 1400*, 44.
76 Tang, *A Study of the History of Nestorian Christianity in China and Its Literature in Chinese*, 81.

받침하는 필요 불가결한 역사적 증거 자료가 바로 경교 기념비이다. 경교 기념비문이야말로 오늘날 경교 연구를 가능하게 하는 유일무이한 일차 자료라 해도 과언이 아니다. 이 비문은 과거 동방의 기독교와 서방의 기독교 간의 관계를 밝혀낼 수 있는 희귀한 근거 자료이기도 하다. 경교 기념비를 통하여 우리는 7세기부터 9세기까지 동안에, 유교, 도교 등 재래 종교와 불교, 배화교 등 외래 종교들이 혼재해 있던 중국 사회에서 뒤늦게 찾아온 기독교인들의 입장이 어떠했을지 미루어 짐작할 수가 있는 것이다.[77]

경교 기념비

경교 기념비는 높이가 9척, 대좌를 포함하면 10척, 넓이는 3척 반, 두께는 한 자, 그리고 무게는 2톤이 넘는 거대하고 신비스러운 석조 구조물이다. 비석의 자질은 흑색 대리석이며, 윤나게 다듬은 표면에는 생선 비늘 모양의 무늬가 아름답게 떠오르고 있다. 상단부에는 대진경교유행중국비(大秦景敎流行中國碑)라는 아홉 개의 큰 한자가 삼 열로 쓰여 있고, 삼각형 모양의 윗부분에 몰타식 십자가가 새겨져 있고 그 아래를 연꽃과 구름과 두 나뭇가지가 받치고 있는 형상이다. 비문은 한문과 시리아어로 음각되어 있다.[78]

발견과 번역

경교 기념비는 17세기에 발견되었다. 프란치스코회 선교사들은 기

---

77 Saeki, *The Nestorian Monument in China*, 1.
78 부록 참조: 경교비의 비문의 사진

념비 발견 직후 이 사실을 비문의 사본과 함께 바티칸 교황청에 보고하였고, 1625년 비문의 라틴어 번역판이 출판되었다. 프란치스코회 선교사 트러고올트(N. Trogault)가 첫 번째 번역을 했고, 그 뒤를 이어 몇 사람의 번역판이 더 나왔다.[79] 중국인 학자 장겡이는 기념비 비문에 기록된 교리가 복음서에 입각하고 있다고 증언했다고 한다.[80] 학자들은 치밀한 연구 끝에 경교 기념비가 시리아 선교부의 배경을 확인해 줄 뿐 아니라 선교단의 가르침이 기본적으로 로마 가톨릭 교회나 그리스 정교회의 교리와 다르지 않다는 결론을 내렸다.[81] 기념비의 전체 내용은 본 연구논문 해설 부록에 수록되어 있다.

경교 기념비의 발견 일자는 확실하지 않다. 가장 초기에 나온 보고서에는 시안 부근에서 1625년 6월 12일 발굴된 것으로 되어 있지만, 다른 두 보고서는 다른 일자를 말하고 있다. 치우(P.C. Chiu)는 보고서들을 조사한 끝에 경교 기념비 발견 일자를 1625년으로 보는 것이 타당하다고 말하면서도, 결정적 해답을 얻을 만한 자료가 불충분하다고 부연했다.[82] 그러나 사에키(Saeki)는 이런 미확인론을 받아들이지 않고 "경교 기념비는 실제로 1623년 시안에서 서쪽으로 30마일, 추우친(周

---

79 Saeki, "Old Problem Concerning the Nestorian Monument in China Re-examined in the light of Newly Discovered Facts." *Journal of the North Branch of the Royal Asiatic Society 67* (1934): 81-99.
80 Moule, *Christians in China Before the year of 1500* (London: SPCK, 1930), 29.
81 K. S. Latourette, *A History of Christian Mission in China* (New York: MacMillan Co., 1929), 57.
82 Chiu, *A Historical Study of Nestorian Christianity in the T'ang Dynasty* (Southern Baptist theological Seminary, 1987), 16.

至)에서 동쪽으로 30마일 지점에서 발견되었다"고 주장한다.[83] 세 번째 견해는 앞의 두 견해의 절충안 형태로서, 이 문제에 대해 철저히 검토한 결과 문제의 비석은 1623년 시안부 영내의 추우친 지역에서 출토되었고 1625년 추우친 지방 장관의 명령에 의해 수도 시안으로 수송되었다고 단언한다.[84]

당(唐) 시대의 걸작품으로 평가되는 경교 기념비는 풍부한 역사적 정보를 제공해 주는 사료적 가치를 지니고 있다. 고대 중국의 기독교에 대하여 서술한 모든 문헌이 경교 기념비 비문의 도움 없이는 완전한 것이 될 수 없다.[85] 그러나 7세기에 기록된 고문서를 정확하게 이해한다는 것은 결코 쉬운 일이 아니었다. 비문의 해석이 특히 어려웠던 까닭은 그 문장이 중국 당조의 방언으로 쓰였을 뿐 아니라, 문체와 신학적 어휘의 사용 기법이 불교와 도교의 영향을 받고 있었기 때문이다. 난해한 고대 문장을 번역하는 작업은 한층 더 어려운 것이었다. 예를 들어 '달사(達娑)'라는 단어는 비문 번역자 모두에게 해석하기 어려운 걸림돌이었다. 와일리(Wylie)는 '불교도'라고 번역하였으나, 그렇게 번역하는 근거를 설명하지 못했다. 학자들은 심도 있는 논의 끝에 결국 '하나님을 경외하는 자'로 합의했고, 이를 확대 해석하여 '기독교도'로 번역 사용하게 되었던 것이다.[86] 9세기에 발생한 대박해로 인해 관련 문서

---

83 Saeki, *Old Problems Concerning the Nestorian Monument in China Re-examined in the Light of Newly Discovered Facts*, 97.
84 Tang, *A Study of the History of Nestorian Christianity in China and Its Literature in Chinese*, 25-29.
85 Moule, *Christian in China Before the Year of 1550*, 27.
86 G. Schlegal, "The Term Tarsa." *T'oung Pao* 6 (1895): 533-534.

와 서적이 모두 파괴 소실되었으므로 경교 연구가들은 일차적 기본 자료 연구에서부터 높은 벽에 부딪칠 수밖에 없었다. 그럼에도 불구하고 몇몇 학자들은 경교 기념비 비문의 번역과 해석에 열정을 쏟아 탁월한 학술적 업적을 남겼다. 영어 번역판을 낸 학자 중 와일리(Wylie),[87] 레게(Legge),[88] 모울리(Moule),[89] 포스터(Foster),[90] 사에키(Saeki),[91] 가와구치(Kawaguchi)[92] 등의 연구 결과는 후대의 경교 연구가들에게 신뢰도 높은 참고 자료가 될 수 있는 우수한 노작들이다. 특히 사에키(Saeki)는 비문 번역과 해석에서 독보적인 위치를 차지하고 있다.[93] 그는 경교비의 배경에 대한 광범위한 해설로 그 탁월한 업적을 인정받고 있다.[94] 모페트(Moffett)가 그의 저작에서 사에키를 인용했고, 최근 가와구치도 자신의 저서를 통하여 사에키의 글에서 중요 사항 몇 가지를 인용했음을 밝히고 있다.[95]

1623년 학자들은 기념비 비문의 탁본을 마테오 리치(Matteo Ricci)의 제자인 레온 리(Leon Li, 李之藻)에게 보내어 감정을 의뢰했

---

[87] A. Wylie, "On The Nestorian Tablet of Se-gan Foo" *J. of the American Oriental Society 5* (1855-1856): 277-336.
[88] J. Legge, *The Nestorian Monument of His-an-fu in China Relating to the Diffusion of Christianity in China in the Seventh and Eighth Centuries* (London: Trubner & Co., 1888), 3-31.
[89] Moule, *Christians in China Before the Year* 1550, 32-52.
[90] J. Foster, *The Church of the T'ang Dynasty* (London: SPCK. 1939), 136-151.
[91] Saeki, *Ther Nestorian Monument in China*, 162-180.
[92] Kawaguchi, *Kei-Kyo* (Tokyo: e-Grape, 2007), 46-101.
[93] Moule, *Christians in China Before the year of 1500*, 34.
[94] Saeki, *The Nestorian Monument in China*, 145-161.
[95] Kawaguchi, *Kei-Kyo*, (Tokyo: e-Grape), 168.

다.⁹⁶ 그는 약 2년 후 감정 결과 보고서를 통해 비문의 진품성을 확인했다. 1870자로 된 경교 비문의 원문은 먼저 라틴어로 번역되었고, 1909년 와일리가 영어 번역판을 내놓았다.⁹⁷ 7년 후 사에키도 비문을 영어로 번역하였는데 4544개 단어를 19매의 용지에 기록한 분량이었다.⁹⁸ 와일리 번역보다 분량이 많고 문장 형식도 많은 차이가 있었다. 고대 한문을 이해하고 번역하는 과정에 적지 않은 어려움이 따랐던 사실을 짐작할 수 있다.

기독교가 외래 종교로 당나라에 처음 들어왔을 때 제일 먼저 부딪친 어려움은 의사소통과 문서 번역의 문제였다.⁹⁹ 기본 교리와 목회 사역을 중국인의 고유 문화권에서 그들의 말로 설명하는 과업은 결코 쉬운 일이 아니었던 것이다.¹⁰⁰ 1세기에 불교가 한조 중국에 처음 들어온 때에도 같은 어려움을 겪었을 것을 짐작할 수 있다. 그러나 천 년이 흘러 17세기 명조 중국에 온 마테오 리치가 중국어를 사용하여 기독교 서적을 저작하게 되었다.¹⁰¹

---

96 부록 참조.
97 F. V. Holm, *My Nestorian Venture in China* (London: Hutchinson, 1924), 159-183.
98 Saeki, *The Nestorian Monument in China*. 162-180.
99 Tang, *A Study of the History of Nestorian Christianity and Its Literature in Chinese*, 14-144.
100 부록 참조.
101 S. H. Moffett, *A History of Christianity in Asia, Vol. II*, (New York: Orbis, 2005), 114.

진품 여부의 중요성

경교 기념비의 진품 여부는 지난 200년 동안 논란이 거듭되어 온 문제였다.[102] 애초 중국 현지인도 기념비의 진품 여부에 의문을 제기했는데, 그것은 주로 비문의 비범한 외관과 신비한 흑색 대리석 구조물에 대한 그들의 무지 탓이었다. 틀림없이 그들은 이렇듯 놀라운 비문이 새겨진 웅장한 대리석 비석을 본 일이 없었을 것이다. 19세기 이전 서구의 회의론자인 프랑스의 라 크로즈(La Croze)와 볼테르(Volatire) 그리고 영국의 비숍 홈(Bishop Home)은 경교비를 예수회에서 만든 위조 석비라고 주장했다. 그러나 중국학 학자 와일리(Wylie)와 레게(Legge)를 포함한 다른 사람들은 경교비를 진품으로 확인했다.[103] 예수회 선교사들도 기념비의 진품성에 의혹을 제기했는데, 그 이유는 자기들보다 앞서서 중국에서 구세주의 진리가 전해졌다는 사실을 인정하고 싶지 않았기 때문이었다. 그러나 예수회는 저명 유학자들에게 위촉하여 비문의 탁본을 세밀하게 조사한 끝에 그 진품성을 승인했다.[104] 후일 마테오 리치(Matteo Ricci)도 로마 선교단이 경교 기념비를 진품으로 받아들이는 데 아무 문제가 없었음을 시인했다.[105]

---

102 Young, *By Foot to China: Mission of the Church of the East, to 1400*, 47.
103 Chiu, *A Historical Study of Nestorian christianity in the T'ang Dynasty*, 31-32.
104 J. Kesson, *The Cross and the Dragon* (London: Smith, Elder & Co., 1854), 36.
105 S. H. Moffett, *A History of Christianity in Asia, Vol. II.* (New York: Orbis, 2005), 111.

비문의 탁본을 조사한 중국인 학자 파우티는 기념비가 진품임을 입증하는 증거를 공식 문서인 대제국지리(Grand Imperial Geography)에서 찾아냈다.[106] 그리고 시리아 모교회의 목회 행정 일지 기록에서 중국 선교 현장에 기념비를 건립했다는 내용을 찾아볼 수 있었다고 한다.[107] 경교 기념비의 진품성이 계속 입증되고 있는 가운데, 이번에는 최근 돈황 석굴에서 발견된 다량의 문헌 중 일부가 7세기 알로펜(阿羅本)과 경정(景淨)이 저술한 문서로 밝혀졌다. 알로펜은 중국에 처음 도착할 때 지니고 온 27권의 경전을 번역하는 임무를 담당했었다. 한편, 9세기의 경정은 기념비를 세우며 비문을 기초하였고 동시에 다른 책들도 저술하였다. 새로 발견된 문헌들의 저자가 알로펜과 경정이라는 사실은 경교 선교단이 중국에서 활동했다는 사실의 신빙성을 한층 더 확실하게 뒷받침해 주는 근거가 된다.[108]

경교 선교단의 특성

경교 선교단은 절대 유일하신 창조주 하나님의 진리를 당나라 백성에게 소개하였으며 성경을 인용함으로써 기독교 복음을 선포했다.

당조 중국에서 선포된 기독교 복음

781년 유력한 경교 사제 경정은 거대한 대리석 기념비를 건립하

---

106 Kesson, *The Cross and the Dragon*, 39.
107 Young, *By Foot to China: Mission of the Church of the East to 1400*, 49.
108 Tang, *A Study of the History of the Nestorian Christianity in China and Its Literature in Chinese*, 103-4.

고 약 1870자로 된 한문 문장으로 기독교 선교사역의 성취를 기념하는 비문을 썼다. 경교 기념비의 명칭은 "대진경교유행중국비(大秦景教流行中國碑)"이다. 이것은 경교 선교활동에 관한 가장 기초적 자료로서, 기독교의 도입과 선교 운동의 출발과정에서 중국인들이 무엇을 어떻게 믿었으며 신앙생활의 지침이 어떠했는지 보여 주고 있다.

비문에 적힌 주요한 기독교 교리의 대강을 몇몇 번역문에 입각하여 다음과 같이 요약하고 주석한다.

> 유일무이하신 하나님이시고, 무소불능하신 조물주이시며, 삼위일체이신 하나님은 만물의 근원이시니, 그는 우리의 영원하신 주님이 되시고, 변함없이 참되시고 무소부재 하시고 신비 속에 가려져 계신 분으로서, 그 존재가 영원하시며 무소부지 하셔서 선견지명을 가지신 분이시다.[109] 창세기 제1장의 설화는 천지 창조를 설명하고 또 하늘과 땅, 해와 달, 그리고 낮과 밤의 처음 나타남을 언급하며 인간의 원래 성정이 순결하고 욕심 없이 선하였음을 말하고 있다. 그러나 마귀가 사악한 계교를 써서 인간으로 범죄케 함으로써 타락하게 만들었다. 그리하여 인간의 지성과 사상이 소망 없이 죄악된 혼란에 빠지게 되어 낙원을 잃었고 다시는 돌이킬 수 없게 되었다.[110]

비문의 중요한 요약은 계속된다.

---

[109] F. Holm, *The Nestorian Monument, An Ancient Record of Christianity in China* (Chicago: Open Court Pub. 1909), 11.
[110] Saeki, *The Nestorian Monument in China*, 163.

한 처녀에게서 성자가 출생함으로써 구세주가 사람으로 출현하였다. 구세주는 그의 탁월한 계획에 따라서 가정과 나라를 바르게 다스리는 법을 가르치셨다. 삼위일체 하나님의 또 다른 위격인 성령의 역사를 통하여 그의 새로운 가르침이 확고히 자리잡음으로써, 구세주는 인간성에서 죄를 쫓아내고 참 인간의 속성을 온전케 하였다. 그 결과 마귀의 모든 사악한 계책은 좌절되었다.[111]

'물과 영으로 베푸는 세례'로써 허망한 세상 욕망은 완전히 없어지고 깨끗하게 된다.[112] 독실한 신도들은 하루에 일곱 번 모여 예배와 찬송을 올림으로써 산 자와 죽은 자의 보우하심을 구하였다. 그들은 칠 일에 한 번씩 성찬을 받음으로 마음이 청결하고 순수하게 되었다. '성찬'과 같은 참되고 신비한 불변의 교리를 설명하기는 매우 어려우나 이 거룩한 의식의 시행을 통해 '빛나는 종교'라는 이름은 한층 그 신성함을 더하였다.[113]

망자를 위한 기도와 '디프티크스'(사진 액자와 유사한 성물인데 주

---

111 E. Charlot, *The Luminous Religion* (London: Carey Press, 1925), 49-50.
112 Ibid., 51.
113 Wylie, "On the Nestorian Tablet of Se-gan Foo." *Journal of American Oriental Society* (May 1855): 281.

로 성자의 모습이 그려져 있음)의 사용이 도입되었는데,[114] 후일에는 불교의 영향을 받아 위패를 만들어 사용했다. 산 사람을 위해 기도하듯이 죽은 사람을 위해 기도하는 것은 경교의 특징 중 하나였다. 이것은 중국의 기독교회가 유교 학자들이나 도교 신자들 앞에서 선조의 추도예식을 거리낌 없이 거행했음을 의미한다. 중국의 재래 종교 신도들은 기독교인들이 죽은 조상을 극진히 모시는 자신들과 다르지 않다고 보고 호감을 느꼈을 것이다.[115]

구세주 예수는 가정과 국가를 바르게 다스리는 법과 원칙을 가르치셨다. 예수는 삼위일체 하나님만을 믿는 참 종교를 세우신 것이었다. 그는 바른 신앙생활의 지침으로 산상수훈의 말씀을 주셨다. 그리하여 거룩한 사제와 정당한 원리가 함께 역사할 때, 마치 두 짝의 도장이 합하여 하나의 완성품이 되듯 세상이 문명하고 사람이 계몽되어 참 생명을 누리게 되었다.[116]

경교 사제들은 기독교를 상징하는 십자가를 지니고 다녔다. 십자가가 그리스도의 구원사역의 초점이며 모든 기독교 교리의 기초임을 보여주었다.[117] 십자가 모양의 유물이 극동의 불교 유적지에서 발견되는 경우

---

114 '디프티크스'는 나무로 만든 상징적 제구이다. 사망한 선조의 성명이 기록되어 있어서 오늘날의 영정 사진과 같은 것이어서 지극한 정성으로 보존하였다. 경교 선교사들이 중국에 처음으로 도입한 것이다. 불교 신자와 유교 신봉자들이 공경하는 뜻을 표시하여 수용하였고 제사를 지낼 때 널리 사용하였다. 이것이 예배 대상은 아니었으므로 우상을 섬기는 개념이 없었다. 현재 극동 국가에서 이 전통을 이어받아 아직 사용하는 사례를 볼 수 있다.
115 Saeki, *The Nestorian Monument in China*, 143.
116 Ibid., 282.
117 고린도전서 1:18-25.

가 많은데, 이는 불교와 경교 간에 일정한 교류가 있었음을 암시하는 사례로 보인다. 양교가 선교활동의 상호 발전을 도모했을 가능성도 배제할 수 없는 것이다.[118]

경교비의 비문이 시사해 주는 또 한 가지 중요한 점은, 경교 선교사들이 중국의 대중적 생활 양식을 자기들의 생활에 채용한 사실이다. 그들은 중국인 대중과의 교제와 소통의 폭을 넓히기 위해 신분의 귀천을 불문하고 현지인의 문화에 토착화 방식으로 접근했던 것이다. 경교 수도원의 많은 선임 사제들 중에서 특히 경정의 부친인 이수(Isaac, 伊斯)는 비범한 인물이었다. 그는 고관의 측근 막료로서 뛰어난 수완을 발휘하여 두각을 나타냈다. 그는 봉급을 받는 대로 구제 사업에 내놓았고, 가족을 위해 재물을 쌓아 두지 않고 교회에 헌납하였다. 매년 수도원의 사제들이 함께 드리는 경건한 예배와 기도 모임을 주재하였다. 주린 자가 오면 먹이고, 벗은 자가 오면 옷을 입혔다. 환자는 치료하여 건강을 되찾게 해 주고, 죽은 자는 매장하여 안식하게 해 주었다. 그가 현지 주민들과 친근한 관계를 이어 가기 위해 기울인 일련의 목회적 노력은 선교사역을 성공으로 이끄는 원동력이 되었다.

상기한 모든 두드러진 사역들은 하나님께 영광을 돌리는 송덕문과 함께 비문의 마지막 부분에 다음과 같이 요약되고 있다.[119]

> 참되신 주님은 창조된 분이 아니시며, 심오하고 견고하고 불변하시다. 우주를 자신의 계획대로 창조하사 땅을 세우시고 하늘을 만드셨다. 하나님은 그에게 사람의 모양을 입게 하였

---

118 Moule, *The Use of the Cross Among the Nesrtorians In China*, 78-86.
119 Saeki, *The Nestorian Monument in China*, 172-175.

으며, 그를 통하여 구원이 값없이 모두에게 주어졌다. 이 모든 사실들은 하나님이 참되고 신령한 분이심을 입증한다.

가장 영광스럽고 지존하신 태종 황제는 '도'를 유지함에 있어서 모든 전임자들을 능가하였다. 경교의 광채가 당나라 땅에 뿌리를 내렸다. 경전의 번역과 사원의 건축 등 놀라운 복된 역사가 나타났으며 평화와 풍요가 넘쳐 흐른다.

고종 황제는 부조들의 왕위를 계승하여 큰 교회를 거룩하게 복건하였다. '도'에 관한 진리들은 명백해졌다. 그는 '주의 신령하심'을 나타내었고 모든 사람은 가장 복된 화평과 기쁨을 누렸다.

현종도 진리의 종교를 따랐다. 백성들이 떠받들어 이룬 모든 역사가 온 땅에 번창했고 각 사람은 번영을 누렸다.

숙종이 드디어 왕좌에 오르니 하늘의 위엄이 왕실의 어가를 향도했고 고귀한 왕좌는 당조의 왕실에 보전되었도다.

대종은 부모에게 효도를 다하고 모든 사람에게 공정하였다. 자비심으로 모든 인류를 원조하였으니 크나큰 복이 번영 중에 이루어졌음이라.

현재의 황제가 등극하매 시시로 명덕을 닦았도다. 존엄하신 이름을 붙이고자 크게 힘쓰심이여 "삼위일체"로 선포되었음이로다! 여기에 우리가 이 고귀한 기념비를 세우며 하나님을 찬양하고 기원하오니 망극한 강복이 우리에게 임하실지라!

기념비 좌우편에는 칠십 명 사제들의 이름이 시리아어와 한문으로 각인되어 있다.

경교 기념비는 당조 치엔-충(德宗) 2년(781년) 정월 7일에 건립되다.

여 수암(중국명: 루 시이우-엔, 呂秀巖)이 비문을 서예 필체로 쓰고 조각하다.

불가결의 기본 자료인 경교 기념비

치우(P.C. Chiu)가 언급했듯이 수많은 경교의 신학 용어가 대리석 석비와 다른 종교 문서에 기록되어 있는데, 예를 들면 다음과 같다. 하나님 아버지, 성령, 삼위일체, 하늘, 변화, 기독교 미덕, 기도, 교회, 수도원, 선교, 제자들, 신봉자, 주교, 무소부재, 무소불능, 죄, 징벌, 천사들, 인도, 세례 등이다. 그런데 대부분 이 용어들이 불교나 도교식 표현들과 뒤섞여 있음을 볼 수 있다. 경교 수도원이 전국에 산재해 있었기 때문에 기독교 문화는 200년 이상 서서히 또 평화스럽게 나라 전체에 확산되었다. 이와 같은 현상은 기독교 신앙의 핵심 요소가 당나라의 토착 종교와 자연스럽게 접합되어 위화감 없이 공존했음을 의미한다. 이리하여 삼위일체 하나님과 구세주 예수는 비폭력적 방법을 통해 외형상 거부감 없이 백성의 머릿속에 스며들었다. 이러한 노력으로 복음의 영향은 다음 세대로 이어져 내려갔던 것이다. 그러나 9세기 무렵 불교가 크게 성장하여 교세를 떨치게 되자 외세를 못마땅하게 여기던 유교도들과 도교도들의 시기심과 적대감이 폭발했고, 845년에 이르러, 외래 종교를 금하는 무종 황제의 칙령(회창멸법)이 선포됨으로써 불교는 물론이고 같은 외래 종교인 경교도 극심한 박해를 받아 끝내 지하로 잠적하여 자취를 감추게 되었던 것이다. 그 후 17세기에 경교 기념비가 출토될 때까지 당조 중국에서 번창했던 기독교는 외형상 흔적도 찾아볼 수 없게 되고 말았다. 가와구치(川口一彥)는 연구 결과 경교가 850년 이전에 이미 자취 없이 사라졌으리라 결론짓고 있으며, 따라서 아무도 경교 기념비가 땅에 매립된 정확한 경위와 시기를 모르게 되었다는 것이다.[120]

따라서, 경교 기념비의 발견은 고대 중국에 도래했던 기독교에 대한 학문적 조사와 연구의 새로운 시발점이 되었다. 이어서, 돈황 문서가 발견됨으로써 경교 기념비 비문의 신빙성을 한층 확실하게 증명해 주었다. 그것은 돈황 문서 중 몇 권의 저자가 경교 비문을 쓴 경정으로 밝혀졌기 때문이다. 더구나 돈황 문서 중에는 기념비가 세워지기 150년 전에 알로펜 주교가 쓴 것으로 확인된 책도 있었다. 결과적으로 기념비가 경교 연구에 필요 불가결한 문헌 자료임이 분명해졌을 뿐 아니라, 일부 돈황 문서들이 이 사실을 더욱 입증해 주고 있는 것이다. 따라서, 경교에 관련되는 돈황 문서들은 사해 문서에 비견할 만큼 귀중한 고고학적

---

120 Chiu, *A Historical Study of Nestorian Christianity in the T'ang Dynasty*, 16-17.

증거 자료인 것이다. 만약 경교 기념비가 진품으로 판명되지 못하였다면 돈황 석굴에서 발견된 일곱 권의 책은 그 선교학적 가치와 의미를 정당하게 평가받지 못했을 것이다. 신뢰할 만한 기본 자료 없이는 동방 세계의 교회가 언제 어떻게 당조 중국에 도래하였는지 학문적으로 조사하는 일조차 불가능했을 것이다. 나아가서 극동 인접국들의 종교가 상호 간 밀접하게 주고받은 영향에 대하여 알 수 있는 사람이 없었을 것으로 여기는 것이다.

당조 중국에서의 문화적 공헌

경교 비문은 당나라 조정이 선교사들에게 베풀어 준 존경과 원조의 실상을 명백하게 반영하고 있다. 교회 건물의 건축, 성서와 경전 번역 사역의 지원, 그리고 인적 자원의 제공 등이 그것이다. 한편 경교 선교사들은 젊은 왕자들에게 유교와 도교를 가르치는 목적으로 세운 황실 교육기관에서도 일정 부분 임무를 수행했다. 당조에서 경교 선교사역을 가장 크게 후원한 황제는 제2대(627-649) 태종이다. 그는 부왕을 도와 활약하던 왕자 시절에는 이세민으로 알려진 인물이다. 태종 황제는 문무에 능통한 군주로서 중국의 전통 종교뿐 아니라 외래 종교인 불교에도 조예가 깊은 인물이었다. 그는 '종교 자유 정책'을 시행하면서 모든 종교에 대해 중립적 입장을 유지했다. 그러나 배화교, 마니교 등 페르시아에서 들어온 다른 종교들에 비해서 경교로 알려진 기독교에 특별한 호감을 보여 주었다. 태종이 기독교에 대해 로마의 속국이었던 '팔레스타인(유대 나라)에서 온 광명의 종교'라는 뜻으로 '다친-징 치아오(大秦景教)'라는 칭호를 내려준 사실만 보더라도 경교에 대한 그의 남다른 관심을

짐작할 수 있다.[121]

중국 역사상 어느 기독교 선교 단체도 처음 입국할 때, 경교의 경우처럼 황제의 명을 받든 재상이 직접 나와 크게 환영한 예는 없는 것이다. 태종 황제가 경교를 특별히 환영한 이유에 대해서는 많은 추론이 있었다. 그중에서, 황제가 소년 시절에 가독교 환경에서 자랐으리라는 이야기는 꽤 설득력이 있어 보인다. 즉 독실한 기독교 신자였던 조모가 조심스럽게 기독교 신앙을 어린 손자의 마음에 심어 주었으리라는 추론이 그것이다.[122]

그뿐만 아니라 그의 부친 이연(李淵)이 초대 황제(618-626) 고조(高祖)로서 등극하기까지의 혁명 과정에서, 문무에 탁월했던 이세민은 군사적으로 큰 공을 세웠으나, 그를 질투하여 모해하던 태자인 형과 아우를 정당방위로 살해하게 된다. 그리고 얼마 후에, 부왕 고조도 돌연히 사망한다. 이런 가족적 비극의 주인공이 될 수밖에 없었던 태종은 깊은 심령의 고뇌를 겪으면서 자신과 국가를 위한 안정과 축복을 새로운 종교에서 찾으려 했을 수 있다는 것이다.

어쩌면 황제는 어려서 어렴풋이 들었던 기독교의 진리를 혹 경교의 경전에서 되찾아 보려고 했을지도 모른다. 또는 종교에 대하여 남달리 관심이 깊었던 그가 중앙아시아와 페르시아에서 사역하고 있던 경교 선교단의 존재와 명성을 알게 되었고, 그래서 성경 말씀으로 종교적 구원의 확증을 밝히 알도록 가르쳐 줄지도 모를 기독교 선교사를 초청키

---

121 Foster, *The Church of the T'ang Dynasty*, 16.
122 A. Mingana, "The Early Spread of Christianity in Central Asia and the Far East: A New Document," *Bulletin of the John Rylands Libraty 9*, (1925): 57.

로 작정했으리라는 것이다.

다음 황제 고종(649-683)도 경교에 협력적이었다. 그는 부왕의 뒤를 이어 경교의 선교활동을 계속 지원했다. 고종은 알로펜 선교사를 존귀한 종교지도자로 예우하여 경교에 진종(眞宗)이라는 칭호를 내리고, 알로펜에게는 진국대법주(秦國大法主)라는 칭호를 내렸다.[123] 그러나 고종이 죽고 측천무후가 나이 어린 황제를 대신하여 섭정이 되면서 상황이 달라졌다. 비구니의 경력이 있는 불교도였던 측천무후는 14년에 걸친 집권 기간에 불교를 진흥시키는 한편 경교에 대해서는 심한 박해를 가했다.[124]

경교의 선교활동에 호의적이었던 다른 황제들의 이름과 그들의 구체적인 협력 내용은 기념비에 상세히 기록되어 있다. '온전한 도의 황제'라 불리우는, 제9대 황제 현종(712-756, 玄宗)은 황태자와 네 명의 왕자들을 교회로 보내어 그동안 퇴락한 건물의 보수사역을 담당케 했다.

제10대 황제 숙종(756-762, 肅宗)은 5개 처의 경교 수도원을 중수하면서 비용 일체를 황실 재정으로 지원했다. 제11대 황제 대종(763-779, 代宗)은 자신의 생일 기념으로 고귀한 향료를 봉헌함으로써 경교에 대한 깊은 관심과 존경심을 표했다.[125] 제12대 덕종(780-805, 德宗)은 원대한 구상으로 제국의 정치체제를 정비하여 많은 감화를 끼친 군주였다. 이 모든 협력적 황제들이 경교의 발전에 끼친 업적은 경교 선교사역의 보람 있는 성과로 비문에 기록되어 있다.[126]

---

123 Saeki, *The Nestorian Monument in China*, 94.
124 Ibid., 141.
125 Ibid., 142.
126 C. E. Couling. *The Luminous Religion*. (London: Carey Press, 1925), 57.

경교가 당조 중국에서 직면한 문화적 장벽들

경교 비문은 당조 중국에서 경교 선교단의 복음 전파 노력이 큰 결실을 거두도록 일조한 특별한 기회들과 함께, 그들이 만난 여러 장벽과 저항에 대해서도 진술하고 있다. 특히 중국어가 유럽의 언어와 구조적으로 다르기 때문에 종교 문서를 번역하기가 매우 어려웠다. 비문은 경교 선교사들이 언어장벽을 극복하는 의사소통의 보조 수단으로 십자가와 같은 인공적 상징물과 함께 그림, 조각물 등을 응용한 사실을 시사해 준다. 또 다른 문화적 장벽은, 과거 로마제국의 경우와 달리 7세기 중국의 지정학적 상황에서 비롯된 것이었다. 중국은 외부 세계로부터 격리되어 있으면서도 수준 높은 문명을 발달시켰고, 따라서 중국인은 자신들을 우월한 인종으로서 믿고, 중국을 세계의 중심으로 여기는 등 자부심이 매우 강했다. 그들은 중국의 4천 년 역사와 문화를 소중히 여겼고, 그 옛날 중국인이 나침반과 인쇄술, 그리고 종이를 발명했다는 사실을 무엇보다도 자랑스럽게 여겼다.

그러나 경교에 대한 가장 큰 위협은 일련의 박해에서 비롯되었다. 폭력적이고 파괴적인 박해에 직면한 경교는 마침내 수도원의 문을 닫고 공개적인 활동을 중단하는 한편 토착 문화권으로 녹아들어 가 자취를 감춘 채 형태 없이 생존하는 길을 도모하게 되었던 것이다. 비록 태종 황제와 그 밖의 황제들이 경교 신자들을 후대하였으나 기존 종교들의 저항도 만만치 않았고, 불교도였던 측천무후(690-705) 치세 아래에서는 황실의 후원도 중단되었다.[127]

---

127 Wylie, *On The Nestorian Tablet of Se-gan Foo*, 283.

측천무후의 불교 우대 정책의 결과 경교의 선교활동에는 온갖 제재와 압박이 가해졌다. 비문에는 '논쟁', '조롱', '비방' 등으로 표현되었을 뿐이지만 형언할 수 없이 극심한 곤욕을 치렀을 것이다.[128] 그 기간의 황제들인 중종과 예종은 모두 나이가 어리고 유약하여 명목뿐인 군주였다. 그러나 측천무후가 물러나고 712년 즉위한 현종과 그 뒤를 이은 숙종에 이르러서는 경교에 회생의 기회가 주어져 수도원의 제단과 성소가 개수되고 예배 의식의 질서가 회복되었다.[129]

그로부터 백여 년이 지난 서기 845년 마침내 경교의 숨통을 조이는 결정적인 대박해가 발생했다. 불교 진멸을 명하는 이른바 '회창멸법(會昌滅法)'이 친도교 황제였던 무종(武宗)의 칙령으로 선포되면서 무서운 박해의 철퇴가 불교뿐 아니라 경교에까지 가해졌던 것이다. 중국 역사 기록에 따르면 회창멸법 이전 불교의 교세는 남녀 승려 수가 26만 5천 명이고, 사찰이 4만 4천6백 개 처에 달했다고 한다.[130] 비록 대박해는 일차로 불교를 겨냥한 것이었지만, 경교도 막대한 희생과 피해를 당했다. 모든 교회 재산은 파손되고 3천여 명의 경교 신자가 순교당함으로써 회생불능 지경에 이르고 말았던 것이다.[131]

기독교가 상당 수준까지 성장하자 기존의 종교 세력들은 위협을 느끼고 경계심을 나타내기 시작했다.[132] 중국인들은 그들의 오랜 종교 관

---

128 C. P. Fitzgerald, *The Empress Wu* (London: The Cresset Press, 1968), 210.
129 Foster, *The Church of the T'ang Dynasty*, 68.
130 Saeki, *The Nestorian Monument in China*, 86.
131 Ibid., 89-91.
132 Moule, *Christians in China Before the Year 1550*, 33.

습에 급격한 변화가 생기는 것을 원치 않았고, 나아가 외세의 영향을 그들의 전통문화에 대한 위협으로 보았던 것이다. 그러므로 외래 종교인 불교와 기독교에 대한 박해는 필연적이었다고 볼 수도 있다. 이 박해로 경교도를 비롯하여 유대인과 페르시아인까지 무려 12만 명의 외국인이 대량 학살되었고 무수한 중국 현지인 신자도 희생된 것으로 추정된다.[133] 이처럼 극심한 박해가 중국 전역에 퍼져 나가기 시작했을 때, 중국 내 기독교인과 티그리스강 유역의 페르시아 모교회 간에는 모든 연락망이 단절된 상태였다. 그러나 교회의 생명이 아주 끊어진 것은 아니었다. 중국의 토착 신앙 속에 '아말감' 현상으로 스며들어가 그 모습을 바꿔 잠적했다고 보는 것이다.

경교 선교사들의 선교 방법들

경교 선교사들은 선교현장에서 현지 지도자들과 충돌하지 않도록 조심하는 한편 가급적 협력 관계를 유지하려고 힘썼다. 선교단은 전통 종교인 유교의 인도주의적 가르침의 높은 수준을 인정하고 중국인 유학자들의 풍부한 지적 자질을 존경했다. 그리고 선진 의학 지식과 의료 기술을 가지고 많은 현지인 환자들을 찾아 나섰다. 복음을 토착 문화에 상황화시켜 전도하는 숙련된 방법은 뚜렷한 효과가 있었고, 그 결과 선교단은 성장 발전했던 것이다. 선교 기지인 경교 수도원 영내에서는 기독교 본래의 문화가 유지되었고, 방문자들에게 신자 생활의 시범을 보여 주었다.

---

133 Kesson, *The Cross and the Dragon*, 42-43.

비폭력적으로 접근하는 복음전도

경교 선교사들이 전혀 생소한 세계관과 전통문화를 가진 사람들에게 비폭력적 방법으로 접근하여 복음을 전하고 현지인의 개종을 유도한 것은 특기할 만한 사실이다.[134] 다시 말하면 기독교 교리를 전통적 중국 문화에 상황적으로 적응시켜 중국인들이 불편을 느끼지 않는 방법으로 전달했던 것이다. 선교사들은 신학적 개념을 중국어로 번역할 때에도 중국 고유의 문화와 거리가 있는 어휘 선택을 피하였다. 대신 중국에 기존하는, 그래서 익숙한 종교 용어 중에서 적절한 단어를 빌려와 사용했다. 문화적 타협을 모색했을 뿐 아니라, 잠재적으로 경쟁관계인 유교, 불교, 도교 등 기존 종교들과도 유화적인 관계를 지켜 나갔다.[135] 특히 복음서를 가르칠 때 도교의 개념을 빌려 설명하였다. 기독교 교훈을 태종 황제에게 소개할 당시, 황제는 도교에 정통한 인물이었기 때문에 선교사들도 도교를 무시할 수가 없었다.[136] 예를 들어 도교의 경전인 도덕경은 '존재'와 '비존재' 사이에 상호작용이 있다고 명시하며 "만물은 무(無)에서부터 유래한다"고 가르친다.[137] 얼핏 애매모호하여 이해하기 어려웠으나, 이 도교의 개념을 성경의 창조 설화를 설명하는 데 원용했을 것이다.

한 걸음 나아가, 황실 도서관에서 번역사로 종사하던 불교 승려 21명이 기독교 경전 번역에 참여했다는 사실은 경교의 선교 방법을 이

---

134 M. Volf, "Unaggressive Evangelism" *Christian Century 118* (2001): 26.
135 Chiu, *A Historical Study of Nestorian Christianity in the T'ang Dynasty*, 243-46.
136 Palmer, *The Jesus Sutras, Rediscovering the Lost Scroll of Taoist Christianity*, 16.
137 Wing-Tsit Chan, *A Source Book in Chinese Philosophy* (Princeton: University Press, 1963), 160.

해할 수 있는 열쇠 중 하나이다. 이와 같은 과정과 결과를 살펴볼 때, 초기 중국에서 번역된 기독교 서적 가운데 많은 불교적 표현이 나타나는 까닭을 이해할 수 있는 것이다. 알로펜 주교는 약 3년 동안 27권의 책을 번역하여 황제에게 헌상했다. 알로펜은 유교 학자들인 조정의 신하들과 많은 대화의 기회를 가졌고, 이들 중 상당수가 개종하여 고대 중국 기독교의 기둥 역할을 담당했다. 나아가서, 교회를 가리켜 마치 불교 사찰처럼 대진사(大秦寺)라고 부른 사실도 중국 내에 잠재해 있는 저항을 방지하는 데 한몫을 하였을 것이다.[138]

경교 선교사들은 이런 방식으로 불교 지도자들과 협력적 관계를 유지했고 유교와 도교를 대표하는 인사들과도 심각한 갈등을 피할 수 있었다. 평화 분위기 유지는 경교도들의 가장 큰 관심사였으며, 이로써 복음 전도 활동의 건전한 발전을 도모할 수 있는 토대를 마련했던 것이다. 한편 선교사들의 선진 의학 지식은 고귀한 신분의 귀족들을 포함하여 광범위한 사람들을 용이하게 만날 수 있는 길을 마련해 주었다. 일본인 불교 승려가 경교 선교사를 일본 왕실에 소개하여 의료 봉사와 함께 복음을 전할 수 있었다는 일화는 그 좋은 사례라고 하겠다.[139] 경교 선교사들이 겨냥한 복음 전도의 일차 대상은 군인들과 무역 상인들이었고, 그 다음이 외국인 유학생들이었다고 한다. 비폭력적 복음 전도 방식이란 현지인의 개종 과정, 즉 세례를 받고 신자가 되려고 할 때 가급적 어려움을 겪지 않도록 하는 요령을 의미한다. 폭력적 방법을 사용하면 새로운 종교에 대한 적절한 정보를 수용하는 데 걸림돌이 되고, 심지어 새

---

138 Saeki, *The Nestorian Mnument in China*, 54-55.
139 Ibid., 61-2.

종교에 대한 호기심이나 문의조차 사전에 차단당하는 빌미가 될 것이기 때문이다.[140]

복음의 상황화 적용

경교 선교사들은 기독교의 신학 및 교리적 용어를 번역하는 과정에서 불교식 어휘를 차용했다. 중국어에서 새로운 종교 사상을 표현하고 전달하는 적절한 언어 구조를 찾지 못했으므로, 기존의 중국어 중에서 일반이 이해하고 사용하기 쉬운 말을 찾아낼 필요가 있었고, 따라서 새로운 단어를 만들어 내기보다 중국인에게 익숙한 기존의 문화와 언어 개념을 다듬어서 사용하는 방식을 택했던 것이다. 더 나아가 기존의 중국 문화와 언어를 선별 전용하는 것은 성경을 현지인의 문화에 상황화시켜 이해를 용이하게 하는 가장 절묘하고 효과적인 방법이었다.

어떤 비평가는 경교 선교사들이 현지인들로 하여금 외래 종교 사상을 받아들이게 하기 위해 지나친 양보를 하였다고 비난한다. 충성스러운 선교사라면 현지의 반복음적 세력과 맞서 순교도 불사해야 한다는 전제가 깔려 있는 비판이다. 복음의 말씀을 새로운 문화권에 도입하는 데 있어서 허용되는 양보의 범위와 한계는 충분히 논의할 만한 명제이다.[141] 그러나 선교의 선구자로서 경교 선교사들은 교두보를 구축하기 위해 교회 설립의 우선 과제인 복음의 파종에 일단 집중 헌신했던 것이다. 도교 공동체 내에서 영향력이 절대적이었던 태종 황제가 경교에 협력적이었으므로 선

---

140 Volf, *Unaggressive Evangelism*, 26.
141 J. Stewart, *Nestorian Enterprises: The Story of a Church on Fire* (Edinburgh: T &T Clark, 1961), 175.

교사들과 일반 시민 사이에는 피차 존중하는 교제와 예의 바른 대화가 가능했을 것이다. 그러므로 경교 선교사들의 일차적 선교 목적은 달성되었다고 볼 수 있는 것이다.

중국에서 불교와 기독교는 서로 대립되는 종교 체제였음에도 불구하고 문화적 문제에 대한 적절한 해법을 찾는 일에는 서로 협력하였다. 때에 따라 황실은 종교서적 번역 등 경교와 불교의 합동 사업에 풍족한 재정 보조금을 내려주었다. 경교 선교단은 문서 번역 시 빈번하게 불교 용어를 차용해야만 했다. 일찍이 인도에서 온 불교도 경전을 중국어로 번역하는 과정에서 같은 경험을 했을 것이다. 즉 불교 개념을 중국어로 표현하려 할 때 적지 않은 난관에 부딪쳤을 것이다. 어떻든 기독교와 불교는 당나라에서 오랫동안 협력 분위기 가운데 공존했으며 별다른 경쟁이나 갈등이 없었던 것 같다. 돈황 석굴에서 발견된 수많은 문서 중 지금까지 번역된 것은 겨우 일곱 책자에 불과하다. 나머지 문서들이 번역되어 적절한 조사가 이루어지고 대진 경교에 관한 광범위한 정보가 정리된다면 상황화 적용 문제에 대한 보다 심도 깊은 연구가 가능해질 것으로 기대된다.[142]

경교 선교사들이 문화적 갈등을 두려워하여 십자가 구속의 도리의 유일 절대성 등 중요한 교리를 충분히 설명하지 않았다는 비판도 있다.[143] 그러나 경교비의 비문을 근거로 하여 경교 선교사들의 경우를 상황 신학

---

142 Tang, *AStudy of the History of Nestorian Christianity in China and Its Literature in Chinese*, 104.
143 Young, *By foot to China*, 93-4.

적 견지에서 변증하며 용납하는 주장도 있다.[144]

수도원 내의 선교사역 운영

경교 기념비의 비문은 수도원 내 선교사역의 운영 방식을 상세하게 기술하고 있다. 본래 시리아 교회는 수도원 제도를 목회사역 수행의 주요 수단으로 사용했다.[145] 규모가 큰 농원을 소유한 수도원은 기도와 노동을 균형 있게 조절하면서 수도원 공동체의 기능을 수행했다. 그러나 당조 중국에 존재했던 경교 수도원의 모든 의식과 행사는 그 초점을 예수의 복음을 전파하는 데 맞추고 있었다. 이는 마치 구원이 없는 어두운 세상에 복음의 빛을 보내 주는 등대와 같은 역할이었다.

당조 중국 조정은 초기에 이미 수도 장안에 대진사란 이름으로 경교 수도원을 건설해 주었고 또한 황제의 명령을 받은 불교 승려 21명이 수도원에서 경교 선교사들과 협력하여 경전 번역 업무를 수행했다. 전국 10개 지방에 차례로 수도원이 건설됨으로써 광범위한 목회와 교육사역이 가능하게 되었고, 일반 대중과 부딪치는 불편이나 마찰을 피할 수 있도록 배려했던 것이다. 독실한 신도들은 매일 규칙적으로 정해진 시간에 모여서 찬양과 기도로 예배 드렸다. 기념비에는 수도원의 신앙생활이 구체적으로 기술되어 있으며, 그것이 신도들의 필수 실천 사항이었음을 시사하고 있다.

그들은 부정한 마음과 생각을 제하기 위하여 금식하였다. 모든 사

---

144 Kawaguchi, *Christianity Toward the Silk Road: A Record of Christian Mission in T'ang China*, 291.
145 H. R. Boer, *A Short History of the Early Church*, (Grand Rapids: Eerdman, 1976), 130-32.

람은 평등하다고 생각했고 귀인과 평민 사이에 구별이 없었다. 누구도 욕심을 내거나 개인만을 위한 욕망을 품지 않았다. 망자를 위한 기도는 중국 경교의 특징 중 하나였고, 죽은 자를 매장하는 장례법은 불교나 배화교 등 여타 종교와 판이하게 달랐다.

고대 시리아의 기독교도는 금욕주의적 생활 양식을 갖고 있었다.[146] 경교 선교단의 사역 원리는 예수의 산상수훈에 입각한 것이었다.[147] 경교 선교사들은 단순하고 검소한 생활로 기독교인의 삶의 모범을 보여 주었고,[148] 수도원에 거주하되 외부 순행 전도를 일과로 수행했다. 수도원은 제자 훈련 과정을 통하여 미래의 지도자를 육성하였다. 교육 과정을 전문화하여 사제, 교사, 의료인, 통역사 등을 훈련했다. 당조 중국은 이미 발달된 제지 공법과 인쇄 기술을 보유하고 있었으므로 번역된 문서들을 용이하게 출판할 수 있었다.[149] 연구자들은 기념비의 비문이 전하는 경교 사제들의 활동이 기술, 보건, 상담 등 다양한 분야에 넓게 분포되어 있었다고 지적한다.

수도원은 황실의 경사를 축하하는 행사를 개최하고 불교 승려들과 유교 학자들을 초청하여 환대하였다.[150] 또한 경교 선교단은 중국 고유의 전통인 조상에 대한 제례를 존중하며 유연하게 대처했다.[151] 그러나 중국어의 복잡한 구조로 인한 언어 장벽을 극복하지 않으면 안 되었다.

---

146 Boer, *A Short History of The Early Church*, 127.
147 마태복음 5-7장.
148 사도행전 2:46-47.
149 지배선, 유럽문명의 아버지 고선지 평전(서울: 청아출판사, 2002), 324-30.
150 Saeki, *The Nestorian Monument in China*, 142.
151 Ibid., 143.

중국의 한자는 알파벳과 달리 자음과 모음으로 구성되는 표음문자가 아니고 표의상형문자이므로, 글자 하나하나와 그 뜻을 일일이 암기해야만 했다. 언어 외에도 중국인들의 독특하고 완고한 세계관은 한층 더 높은 장벽이었다. 중국 문화에 깊이 뿌리박혀 있는 공자의 유교 사상은 지식 계층이 아닌 농부나 수공업 기술자의 의식과 생활까지 철저하게 지배하고 있었던 것이다.

경교 선교사들은 인도, 일본, 한국에서 온 많은 불교 학자들과 교류하며 영향을 주고받을 수 있었다. 상호 간의 협력 사업은 불교 경전을 원어인 산스크리트에서 중국어로 번역하는 데까지 이르렀다. 그들은 도교 신자들과 종교적 이원론을 주제로 자유롭게 토론을 벌이기도 했을 것이다.

당나라의 경교 수도원은 총주교의 관할 아래 있었고, 알로펜 선교사는 20여 명 주교 중의 한 사람이었다.[152] 당시 총주교직에 있던 '하난-이쇼 2세(774-780, Hanan-isho II)'와 '디모데 1세(780-824, Timothy I)'의 이름이 경교 기념비에 기록되어 있다.[153] 수도원들 사이에 주기적으로 행정 통신이 왕래했다. 현지인에게 복음을 전하기 위해 불가피하게 불교적 표현을 차용했지만 수도원 내에서는 기독교 문화를 철저하게 보전하고 시범을 보일 수 있었고, 이렇다 할 문제나 제약이 없었다. 경교 선교사들은 수도원을 통하여 복음을 전파하면서 그리스-로마 문명을 확산시키는 일에도 공헌했다고 볼 수 있는 것이다.[154]

---

152 Foster, *The Church of the T'ang Dynasty* (London: SPCK. 1039), 63.
153 Saeki, *The Nestorian Monument in China*, 107.
154 Ibid., 117-8.

이수(伊斯)로 알려진 선임 선교사는 수도원에 거주하면서, 안록산(安祿山)의 반란으로 나라가 위급해진 시기에 외교적 교섭을 성공리에 수행한 인물이다. 한때 반란군이 수도 장안을 점령하고, 당나라 황실이 피난길에 나서는 등 국가가 존망의 위기에 빠졌을 때 이수 선교사가 결정적 역할을 했던 것이다. 이수는 탁월한 외교 능력을 발휘하여, 돌궐국의 구원병 파견을 성사시켰던 것이다. 즉 이수의 설득으로 파견된 돌궐의 구원병은 비단길을 지나 천여 마일을 행군해 와서 장안 일대의 반란군을 소탕했던 것이다.[155] 이수의 이름과 행적은 기념비에 뚜렷이 기록되어 있고, 그는 수도원 내 많은 경교도들의 흠모와 존경을 한 몸에 모은 지도자였음을 알 수 있다.

돈황 석굴의 기록물들

타클라마칸 사막 동편에 위치한 돈황 석굴은 서기 1036년 일단의 불교, 도교, 유교 그리고 기독교도들에 의해 봉해졌는데, 그 목적은 각 종교의 기록물과 물품들을 보존하기 위함이었다.[156] 약 9세기 후 1908년, 우연한 기회에 그곳에서 50만 건의 문서와 함께 진귀한 조각물과 회화들이 발견되었다. 이 유물들은 서기 400년에서 1000년 사이에 제작된 것으로 밝혀졌다. 이 유물들 가운데서 경교 문서들을 찾아낸 인물

---

155 H. L. Chang, "The Cause which Induced the Monk, Iszu, the Nestorian Archbishop of Chang-An to Come to China and the Exact Date of Arival" *Journal of the North China Branch of the Royal Asiatic Society 73*, (1948): 69-88.

156 Tang, *A Study of the History of Nestorian Christianity in China and Its Literature in Chinese*, 103.

이 스타인(A. Stein)과 펠리오(P. Pelliot) 두 사람이다.[157]

다음에 열거하는 것은 돈황 출토 문건 중 번역된 경교 관련 문서들이다:

1. 예수가 구세주이심을 전하는 서청미시소경(Xu Ting Mi Shi Suo Jing / 序聽迷詩所經)
2. 한 분 하나님을 가르치는 일신론(Yi Shen Lun / 一神論)
3. 경교의 근원을 밝히는 대진경교서원지본경(Xuan Yuan Zhi Ben Jing / 宣元至本經)
4. 거룩한 평안과 기쁨을 알려 주는 지현안락경(Zhi Zuan An Le Jing / 志玄安樂經)
5. 세 가지 위대한 찬송을 기록한 삼위몽도찬(San Wei Meng Du Zan / 三威蒙度贊)
6. 존귀한 인물과 신성한 책들을 소개한 존경(Zun Jing / 尊經)
7. 변화산의 성자를 찬양한 통진귀법찬(Tong Zhen Gui Fa / Zan / 通真歸法贊)

예수 메시아경으로 알려진 서청미시소경(序聽迷詩所經)은 정경성을 인정받지는 못하지만 기독교 철학과 불교 및 도교 사상을 혼합한 내용으로 되어 있고, 학자들은 경교 선교단이 개입된 번역서 중 가장 잘된 작품으로 여기고 있다. 최근에 특히 동양계 학자들의 연구가 활발히 진행되고 있다.[158] 돈황 문서들은 경교 선교단의 실체를 밝히는, 가일층 풍

---

157 Ibid., 104.
158 Ibid., 145-208.

부한 증거를 제공하고 있다.[159] 당조 중국에 존재했던 경교 선교단에 관한 다양한 정보를 담고 있는 돈황 문서는 모두 7개 문건, 1만 3천 자의 한자로 기록되어 있으며, 그 저작 시기는 741년 기념비 건립 이전으로 추정되고 있다.

다음의 요약문은 몇몇 번역물과 해설을 토대로 정리한 것이다.

첫 번째 책(序聽迷詩所經)은 알로펜 선교사가 635년에서 638년 사이에 당조 중국에 도착 직후 써서 태종 황제에게 바친 최초의 저작이다.[160] 이것은 돈황 출토 경교 문서 중 가장 오래된 작품으로 십계명을 소개하고 마태복음을 인용하고 있는데[161] 요지는 하늘에 계신 하나님을 아버지로 신앙하라는 권면이다. 중요 내용은 다음과 같다. 하나님은 보이지 않으나 믿는 마음을 가지면 보이는 분이시다. 기독교 신자는 전능하신 하나님을 경외하며, 이 세상에서 존귀한 존재인 황제와 부모를 존경한다. 하나님은 예수를 세상에 보내시어 소망 없이 반항하는 인류를 구원하려 하셨다.

알로펜은 두 번째 책(一神論)을 641년에 썼고, 그 내용은 만물이 오직 한 분 하나님에게서만 나온다는 것, 유일신 하나님은 눈에 보이는 것과 보이지 않는 만물을 창조하셨다는 것 등으로 되어 있다. 이 책은 세 부분으로 구성되어 있고 경교로 불리우는 기독교의 핵심 교리를 설명하고 있

---

159 Gorden, *Asian Christology and the Mahayana*, 216.
160 연구자들의 이론에 의하면, 알로펜 선교사가 당태종에게 기독교의 교리에 관하여 성경을 확신이 가도록 강론할 것을 요청받았으며 황제 자신이 궁전에서 직접 3년간 연구했다는 것이다.
161 Kawaguch, *Chistianity Toward the Silk Road: A Record if Christian Mission in T'ang China*, 186-88.

으며. 천지창조, 구세주의 사역, 산상수훈 및 십계명을 취급하고 있다.

세 번째 책(大秦景教宣元至本經)은 모든 것의 근본에 대하여 가르치는 문서로 717년 아담(경정)이 저술했다. 이 책은 요한복음(1:1)에 의거하여 천지 창조의 근원이 되는 '말씀'에 관하여 가르치고 있다.[162] '길'을 믿는 자는 진리의 본질을 볼 수 있고, 하나님의 능력은 무한하므로 '길'을 믿는 자는 모든 마귀를 쫓아낼 수 있다고 한다. 사람은 이러한 능력을 다 이해할 수 없으므로 마땅히 하늘과 땅에서 '길'을 경배해야 한다는 것이다.[163] 이 문서의 저자와 시기에 대한 연구는 지금도 진행 중이다.[164]

네 번째 책(志玄安樂經)은 800년경 아담이 거룩한 평안과 기쁨에 관하여 불경 형식으로 쓴 문서다. 이 책은 구세주와 사도 베드로 사이의 문답 형식으로 되어 있다. 내용을 요약하면 다음과 같다. 실패가 없으면 진보도 있을 수 없다. 오로지 경교에만 성공의 최고 법이 있다. 주님께서는 "타국 땅과 그 밖의 외지에서도 평안과 기쁨을 누릴 수 있다. 너희 제자들과 내 말을 듣는 무리는 세상으로 나가라 그리고 내 교훈을 시행하라"고 말씀하셨다. 그들이 모두 크게 기뻐하였다.

다섯 번째 책(三威蒙度贊)은 서기 781년에 전능하신 삼위일체 하나님을 찬양하기 위하여 쓰여졌다. 누가복음 2장 14절에서 인용된 천사의 찬양으로 시작되고 있다. "지극히 높은 곳에서는 하나님께 영광이요, 땅에

---

162 Ibid., 177.
163 Tang, *A Study of the History of Nestorian Christianity in China and Its Literature in Chinese*, 200-202.
164 Kawaguchi, *Christianity toward the Silk Road: A Record of Christian Mission in T'ang China*, 177.

서는 기뻐하심을 입은 사람들에게 평화로다." 이 찬송은 아마도 성부, 성자, 성령의 이름으로 세례식을 거행할 때 불렀을 것이다.[165]

여섯 번째 책(尊經)은 당조 말기에 존귀히 여기던 인물들과 신성한 경전들을 소개한 문서다.[166] 첫 부분은 삼위일체 하나님과 기독교 역사상 두드러진 위인들을 칭송하고 있다. 복음서의 네 저자와 모세, 다윗, 베드로, 바울 그리고 구약성경의 저자들이 포함되어 있다. 두번째 부분은 35권의 경전에 대하여 기록하고 있다.[167] 경정이 큰 미덕을 발휘하여 이 책들의 번역을 감당했고 대부분의 책들이 보존되어 있지만 모두 번역되지는 못하였다.[168]

일곱 번째 책(通真歸法贊)은 돈황 부근 대진사의 수 유안(索元)이라는 경교도가 주교의 지시를 받고 720년에 저작했는데, 변화산에서 보이신 예수의 영광을 찬양하는 내용이다. 한 연구자의 해설에 따르면, 경교도들이 분명히 매년 변화산 기념일에 이 찬송을 불렀다는 것이다.[169]

경교 선교활동의 요약

경교 기념비가 발견되고 그 진품성이 밝혀졌을 뿐 아니라, 비문의 내용이 7세기 중국에 도래한 고대 기독교의 역할에 대한 정확한 증거를 제공하고 있다는 사실이 판명되었다. 기념비의 비문은 경교 연구를 위하여

165　Ibid., 273.
166　Ibid., 285.
167　Tang, *A Study of the History of Nestorian Christianity in China and Its Literature in Chinese*, 185-187.
168　Ibid., 188.
169　Kawaguchi, *Christianity Toward the Silk Road: A Record of Christian Mission in T'ang China*, 269.

가장 가치 있는 기본 자료가 되었다. 경교 기념비에 대한 명성 높은 전문가 중 한 사람인 사에키는 경교 비석의 역사적 배경을 심층 연구하는 데 앞장서 왔다. 우리는 기념비를 통하여 당조 중국에서 경쟁 관계에 있던 기존 종교들 틈에서 경교의 입지가 어떠했는지 이해할 수가 있다.[170]

선교사들은 기독교의 핵심 교리들을 분명하게 전했다. 조물주이신 삼위일체 하나님, 인간의 타락, 구세주이신 예수의 탄생, 예수 그리스도의 승천 등의 교리들을 가르쳤던 것이다. 세례, 성찬, 사제 서품 등 시리아 기독교의 세가지 성례전도 충분히 알려졌다. 수도원의 목회사역이 소금과 빛의 사명 수행으로 상세히 설명되고 있다. 경교 선교사들은 복음 전파 사역에 계속 헌신했고, 비폭력적 방식을 선용하여 현지 문화와의 대결과 갈등을 극복하였다.

그리고 기독교 선교활동을 200년 이상 지속 가능하게 한 황제들의 협력 정책을 상세히 증언하고 있다. 경교 선교사들과 우호적 황족들, 조신들 그리고 경쟁 관계인 타 종교 지도자들과의 교류 내용도 소개하고 있다. 황제들과 왕자들 그리고 불교, 유교, 도교를 포함한 여러 종교 지도자들과의 관계도 적절하게 기술하고 있다. 특히 경교 신도들 중 실질적으로 두드러진 공헌을 한 이수와 같은 인물들을 자세히 소개하고 있다.

서기 845년 무종 황제가 외래 종교 금지 칙령을 내림으로서 경교의 선교활동은 막을 내리게 되고, 경교의 신앙과 선교활동에 관련된 일체의 기록이 사라져 버린 듯이 보였다. 그래서 17세기에 경교비가 발견되기까지 아무도 당조 중국에 존재했던 고대 기독교의 역사를 밝혀낼 수 없었다. 이 귀중한 경교 기념비는 9세기 동안이나 지하에 묻혀서 잊혀

---

170 Saeki, *The Nestorian Monument in China*, 2-3.

졌던 것이다. 경교 기념비는 현재 중국 시안(옛 장안)의 비림 박물관에 소장되어 있고, 그 복제품이 바티칸을 비롯한 몇몇 곳에 보존되어 있다. 최근 돈황 석굴에서 발견된 경교 문서들 외에 신뢰할 만한 다른 문건은 아직까지 나타나지 않고 있다. 그럼에도 불구하고, 고대 중국에 도래했던 동방 기독교회의 실체를 밝히며, 그 선교활동을 평가하기 위해 경교비의 비문과 함께 돈황 문건들의 심층 연구는 현재 활발하게 진행되고 있다.

제4장

경교 선교사역의
지속적 영향력

경교 선교사역의 지속적 영향력

서기 845년에 무종 황제는 칙령을 내려서 당조 중국에서 경교 선교단의 활동을 강제로 중단시켰다. 그 결과로 실질적으로 큰 손실이 따랐다. 소중한 인명과, 귀한 서적들과 교회 재산이 모두 소실되고, 기독교 공동체는 와해되어 버렸다. 외형상으로 경교 신도들은 흔적도 없이 사라진 것으로 보였다. 그러나 실상 그들은 생존을 위하여 아말감 잠적이라는 방법으로 종적을 감추었을 뿐이었다. 그리하여 1625년 경교 기념비가 출토되기까지 거의 900년 동안 세상에서는 고대 중국에 존재했던 기독교에 대하여 아무것도 모르고 있었던 것이다.

사실 그동안 극동에서는 경교 선교단에 관련된 여러가지 유물들이 발견되기는 했다. 십자가 모양의 유물이 고고학 발굴 현장에서 출토되는 일이 종종 있었던 것이다. 이와 같은 사실들에 고무된 학자들이 고대 중국의 기독교, 즉 경교에 관한 학술적 조사 연구를 시작하게 되었다.

수 세기에 걸친 그리고 약 500년 후 원조 중국에 들어온 새로운 경교 선교사들이 목회와 선교를 계속했다. 같은 무렵 로마 가톨릭 교회의 선교단이 중국 선교에 착수했다. 17세기부터는 더 많은 선교팀들이 중국에서 활동하게 되었다. 종파가 다른 선교팀들이 마치 바통을 이어받아 가며 릴레이 경주를 하듯이 중국 선교에 동참했던 것이다.

20세기에 이루어진 다수의 고고학 발견 중에서도 돈황 문서들은 경교 연구를 위하여 가장 중요한 자료로 인정받고 있다. 이 문서들은 경교비 비문의 내용을 뒷받침해 주는 자료이며, 당조 중국에 존재했던 경교 선교단에 관한 보다 자세한 정보를 제공해 주었다.

돈황 석굴은 이른바 실크로드의 종점에 해당하는 지점에 위치하며 불교의 역사적 성지 중 하나로서, 불교의 희귀한 사료들을 무수히 제공해 준 명소가 되었다. 중국의 문화적 영향력은 막강한 것이어서, 주변 국가들의 뜻있는 변화를 이끌었고, 특히 인접국인 한국과 일본의 기독교 발전에 기여한 바가 적지 않았다.

중국의 경교 선교에 가해진 박해와 결과

역사상 최초로 중국을 찾아간 기독교 선교단의 입국 허용 여부를 결정하는 최고 책임자는 중국의 통치자였던 당나라 황제였다. 복음 전도를 윤허했던 태종(太宗) 황제의 뒤를 이은 통치자들은 정치적 입장이나 문화적 상황의 변화에 따라, 일시적으로 혹은 지속적으로 경교 선교활동에 박해를 가했고, 끝내는 선교의 문을 닫게 만들었다. 이리하여 경교는 엄청난 곤욕을 치른 끝에 무엇 하나 남김없이 모두 파괴되고 말았던 것이다. 그러나 일부 경교 신도들은 살아남기 위해 신분을 감추고 지하로 잠적했다. 사실상 겉으로는 정체를 알 수 없게 된 경교도들이 지하에서나마 기독교의 본질만은 보존하기 위해 힘쓴 사실을 미루어 알 수 있다.

정치적 그리고 문화적 원인들

상황에 따라 배경과 원인은 각각 다르지만 제국의 통치자들은 과거 박해에 대한 책임을 면할 수가 없다. 정치적 원인은 경우마다 복잡하게 얽힌 것이었기 때문에 언제 어떻게 박해가 일어날지 예측하기도 쉽지 않았다. 만약 알로펜과 그의 선교단이 10년 전 당조의 초대 황제인 고조(高祖)가 집권하고 있을 때 당나라 수도 장안에 도착했다면 결코 입국을 윤허받지 못했을 것이다.[171]

그러나 제2대 태종 황제는 경교 선교단을 따뜻하게 받아들였다. 그 이유는 영적 결핍을 충족시키고자 하는 황제의 간절한 심리적 욕구 때문이었으리라고 추측한다. 그러나 다음 황제 고종(高宗)을 이어 어린 황제의 섭정으로 집권한 측천무후(690-705, 則天武后)는 경교를 외면하고 친 불교 정책을 펴기 시작했다. 경교도들은 박해를 받았고 교회당 건물은 퇴락해 갔지만 그들은 곤경을 묵묵히 인내하며 견딜 수밖에 없었다. 측천무후의 치세 중 기독교의 존립은 절망적이었고 회생의 여망이 보이지 않았다. 결국 경교의 선교활동은 전면 중단되고 말았던 것이다. 그러나 불교도인 측천무후가 권좌에서 물러나고, 현종(716-756, 玄宗)이 즉위하면서 경교 선교단은 다시 왕실의 원조를 받게 되어 수도원을 재건하고 선교활동을 재개했다. 오래지 않아 안록산의 정변이 발생하여 국가는 존망의 위기를 만났고 현종은 장안을 탈출하여 가까스로 생명을 보전했다. 이때 당나라를 구출하는 중요한 역할을 한 사람이 경교의 주교 이수(伊斯)였다. 이수는 비단길 너머 멀리 돌궐국으로 달려가 구원병

---

[171] S. H. Moffett, *A History of Christianity in Asia. Vol. I.* (New York: Harper Collins, 1992), 292.

교섭에 성공함으로써 안록산의 난을 진압하고 나라를 구하는 큰 공을 세웠던 것이다.[172] 당나라는 다시 평화를 찾고 경교의 선교사역도 활기를 회복했다. 그러나 무종(武宗) 황제(840-846)가 외래 종교 금지법인 회창멸법(會昌滅法)을 공포하고, 불교와 경교에 혹독한 박해를 가함으로써 중국의 기독교는 급격히 소멸되어 갔고, 결국 경교는 오랫동안 중국 땅에서 그 자취를 감추고 말았던 것이다.

중앙아시아의 지배자였던 티무르(1335-1405)는 기독교에 대해 몹시 배타적이었다. 몇 차례의 전쟁에서 승전하여 비단길을 장악한 그는 중앙아시아에 숨어 살고 있던 경교도들을 색출하여 무자비하게 학살했다.[173] 티무르의 포악하기 짝이 없는 박해는 기독교의 숨통을 짓눌러 종말을 강요했고, 실낱같은 회생의 소망마저 일소해 버렸다.[174]

냉혹한 인물이면서 이슬람교의 영웅적 정복자로 알려졌던 티무르는 중앙아시아 일대에 잠적 중이던 기독교인의 씨를 거의 말리다시피 했던 것이다. 그는 이슬람 교도 중에서도 신앙이 철저하지 못하다고 여기면 가차없이 잡아 죽였다. 이때 중앙아시아에 숨어 살던 기독교 신도들은 그의 무서운 박해 앞에서 스스로를 지킬 수 있는 어떤 방비책도 강구할 수가 없었다. 중앙아시아에 은신하고 있던 기독교는 티무르의 지배 하에서 거의 괴멸되고 말았다. 그럼에도 불구하고 극소수의 기독교 신도들이 신분을 감춘 채 살아남아 신앙을 지키고 후손에게 물려준 자취가

---

172 Saeki, *The Nestoria Moument in China* (London: SPCK, 1916), 51 & 170-1.
173 Stewart, *Nestorian Missionary Enterprise: The Story of a Church on Fire* (Edinburgh: T&T, 1961), 285-6.
174 S. H. Moffett, *A History of Christianity in Asia*, 400.

곳곳에 남아 있다.

서기 845년에 선포된 외래 종교 금지 칙령

819년경부터 불교도들과 경교도들에 대한 중국인들의 혐오 정서가 나타나면서 점차 도교 신봉자와 유교 학자들이 조직적으로 외래 종교 반대 운동을 벌이기 시작했다. 그리고 마침내 845년 무종 황제는 '불교 사찰 파괴령'을 공포했다.

칙령의 내용을 사에키의 번역에 따라서 인용한다.[175]

> "우리는 기원전 2000년에 존재한 세 왕조 이전에 불교와 같은 것이 없었음을 아는 바이다. 한조와 위조 이후에 '형상을 경배하는 종교'가 번창하기 시작했다. 불교 승려의 수는 증가했고 사찰은 계속 번창했다. 철야 공양을 하여 노동하는 시간을 허비하고, 백성들의 재물을 축내고, 부모를 무시하고, 군주를 경시하고 또 남편과 아내가 모두 게을러지고 있다. 이 불교 이상으로 해로운 가르침은 없는 것이다. 국가의 법을 깨고 백성에게 해를 주는 면에서 불교보다 더 악한 것은 없다.
>
> 우리 황실의 선조들이 세운 전례를 소상히 조사한 연후 우리는 그러한 악행에 끝을 내기로 결정하였다. 중국의 신민들은 우리의 진지한 의지에 순응하고 따를 것이다. 그리고 우리 선조의 법들을 지키는 일을 아무도 마다하지 않을 것이다. 그래서 우리 백성에게 도움이 되고 또 공중에게 유익이 되는 일을

---

175 Saeki, *The Nestorian Monument in China*, 86-9.

도모하려는 것이다.

정부가 지금까지 지원하고 있는 4천6백 개 사찰은 몰수될 것이며, 26만 명의 여승과 승려들은 환속하여 납세하는 속인이 되어야 한다. 대략 4만 개의 개인 운영 암자와 사원, 그리고 사찰 소유의 비옥한 토지 일체가 몰수될 것이다. 이에 따라 15만 명의 사찰 노비들에게 자유를 주어 납세자가 되게 한다. 이것은 오로지 개혁의 시작일 뿐이다. 우리는 우리의 뜻을 신민 모두에게 알려 백성들이 오해하지 않게 하려 하는 바이다."

이 칙령의 결과 불교는 당조 중국에서 완전히 숨이 끊어져 다시는 회생이 불가능해진 듯했다. 칙령은 분명하게 기독교 공동체를 거론하지는 않았으나 경교를 불교의 한 종파로 치부하고 대대적인 박해를 가했다. 박해로 인한 피해는 실로 엄청나고 치명적인 것이었다.[176] 대부분의 중국인이 기독교를 불교의 한 종파로 여긴 것은 기독교 선교사들이 교리를 중국어로 번역할 때 불교식 어휘를 빌려 썼을 뿐 아니라, 한동안 두 종교의 지도자들이 협력해서 경전을 번역하는 등 밀접한 제휴 관계를 유지했기 때문이었다. 그러므로 경교 사제들과 신도들뿐 아니라 모든 문서들과 건물과 시설까지 전 재산이 자취없이 사라졌고 13세기에 이르기까지 더 이상 경교의 조직적 선교활동을 볼 수 없게 되었던 것이다.

---

176 J. Foster, *The Church of the T'ang Dynasty* (London: SPCK. 1939), 126.

생존을 위한 경교 신도들의 '아말감' 잠적

경교의 교회와 수도원이 무종의 칙령으로 인해 극심한 박해를 받아 존립이 불가능해지자 경교도들은 '아말감' 잠적 방식을 택하여 그들의 신앙적 정체성을 보전하였다. 기독교 신앙의 뿌리가 이러한 방법으로 완전히 사라지는 운명을 피할 수 있었다는 것이 경교 연구가들의 견해이다. 사에키는 기독교 신도들이 다른 종교의 지하 조직에 집단으로 잠적했다고 지적했다. 경교도들이 박해를 피하여 일천만의 신도를 거느린, 강력한 비밀 조직인 금단교(金丹敎)로 들어가서 신분을 위장했을 가능성이 있다는 것이다. 혹은 신도가 이천백만 명에 이르던 중국 이슬람교도 속으로 잠복해 들어 갔으리라고도 한다.[177] 그러나 대다수의 경교도들이 중앙아시아의 벽지로 피신했으리라는 추정도 설득력이 있다.[178] 그들은 의료 사업이나 통역 활동을 하면서 기독교인 신분을 감춘 채 살았고, 이렇게 잠적한 기독교 신앙은 후일 되살아날 수 있을 만큼 그 본질이 잘 보전되었다는 것이다.

경교의 발자취

경교 신도들이 박해를 피해 살아남으려고 '아말감' 잠복을 한 이후 13세기에 이르기까지 중원에서 그들의 흔적은 찾을 수가 없었다. 그 후 원조 중국에 다시 등장한 경교는 약 100년 동안 궁중을 중심하여 활동했다. 기독교는 명조가 중원의 주인이 되기까지 나타났다 사라지기를 되

---

177 Saeki, *The Nestorian Monument in China*, 2&49.
178 Stewart, *Nestorian Missionary Enterprise: The Story of a Church on Fire*, 255.

풀이했다. 그러나 경교 기념비의 발견은 역사적으로 당조에서 번성했던 고대 중국 기독교 선교단에 대한 일반의 주의를 순식간에 환기시켰다. 이후 많은 학자들의 연구를 통해 경교 활동의 발자취가 계속 보고되고 있는 것이다.

증거 자료: 기념비와 문서들

제3장에서 언급한 바와 같이 중국 경교의 존재를 증언하는 최초의 기록물은 경교 기념비와 돈황 문서들이다. 이 기록물들은 중국과 극동에서 경교도들이 사역했던 흔적의 신빙성을 뒷받침하는 증거자료가 되었다. 그리고 나아가서 7세기 경교의 가르침이 중국인의 사상에 영향을 주었다는 사실을 입증하고 있다. 특히 "하늘"의 개념이 변화되어 경교의 "인격적 하나님" 개념과 융합되었다는 것이다. 중국인으로 하여금 인격적 하나님을 깨닫게 한 사실은 뜻깊은 경교의 업적이 아닐 수 없다. 기념비의 비문은 중국 기독교도들이 창조주이신 삼위일체 하나님에 대하여 알게 된 사실을 시사해 준다. 중국인들은 비로소 누구에게 경배하고 또 누구에게 복을 빌어야 하는지를 확실히 깨닫기 시작했던 것이다. 그리고 13세기에 이르러 다시 한번 기독교가 동방으로 진출하여 중국에 입성하게 되었다.

경교 기념비와 돈황 문서들이 담고 있는 정보들은 교회가 계속 존속할 수 있는 잠재력이 있었음을 증언해 준다. 알로펜 주교가 당나라에 입국할 즈음인 제7세기에 몇 권의 책을 썼고, 경정은 제8세기에 다른 책들을 쓰고 또 기념비의 비문 작성자라는 사실이 밝혀졌으므로 경교 비문의 진품 여부와 비문 내용의 정확성은 의심의 여지가 없는 것이다.

기념비가 확인해 주는 경교의 선교사역은 중국인들과 외부 세계 사이에 용이한 접촉이 이루어졌다는 의미에서 특별히 중요하다. 학자들 중 사에키는 고대 중국의 기독교 역사를 연구해 왔으며, 최근에는 극동에서 더 많은 사람들이 경교에 관심을 보이기 시작했다.[179] 중국과 일본과 한국 학자들도 연이어 연구 결과를 발표하고 있다.[180] 그러나 경교를 연구하는 동서양 학자들이 한결같이 직면하는 난제는 경교 관련 문서들이 박해 중에 철저히 파괴되었으므로 연구에 필요한 일차 자료를 입수하기가 지극히 어렵다는 사실이다. 뿐만 아니라 믿을 만한 이차 정보조차도 그 번역 과정에 많은 제약이 따랐던 것이다.[181] 경교는 중국에 전래된 최초의 기독교이므로 고대 중국의 기독교를 연구하려면 반드시 경교 자체의 문헌을 일차 자료로 삼지 않으면 안 된다. 중국 경교에 대한 정보가 희귀한 만큼 경교 비문과 돈황 문서는 중국 기독교의 역사, 신학, 예배 의식, 그리고 중국 기독교인들의 신앙 생활을 연구하는 데 있어서 없어서는 안 될 필요 불가결한 일차 자료인 것이다.[182]

역사적 존재

경교 신도들은 중국에서 극심한 박해를 받았지만 그 생명이 역사

---

179 K. Kawaguchi, *Kei-Kyo [Christianity Toward the Silk Road: A Record of Christian Mission in T'ang China]* (Tokyo: e-Grape, 2007), 168.
180 J. E. Lim, "A Study of Nestorian Mission Works in East Asia, Concerning Nestorianism" (D-Min diss., Chong Sin College, Graduate School, USA, 1993), 55-7.
181 L. Tang, "A Study of the History of Nestorian Christianity in China and Its Literture in Chinese" (PhD diss., Tubingen Germany, 2002), 205-8.
182 Ibid., 144.

적으로 계속 살아남았다고 믿는다. 고대의 기록에 나타나는 숫자는 과장이 심하여 대부분 신뢰할 수가 없으나 포스터(Foster)는 당조 말기 황차오 내란(黃巢의 亂)에서 대략 800만 명이 사망했을 것이라고 추산한다. 그럼에도 불구하고 기독교는 중앙아시아에서 그 생명이 지속되었다고 믿는 것이다.[183] 실제로 경교 선교단은 서기 13세기에 사역을 재개하며 역사에 재등장했었다.

몽골이 중원을 차지하고 원나라(1271-1368)를 세웠을 때 경교 선교단은 중국에서 두 번째 선교활동을 추진한 것으로 보인다. 시리아 기독교회는 이슬람 세력에 의해 소멸되었으므로 더 이상 경교 선교단을 지원할 수 없었다. 그러나 원나라 황족 중에 경교 신자가 있었고 그들을 위해 사역하는 경교 사제들도 있었던 것이다.[184] 이 두 번째 경교 선교사들은 강력한 조직체를 이루지는 못했지만 약 100년 동안 복음 전도 사역을 유지했다.

이 무렵 로마 가톨릭 교회가 중국에서 선교사역을 시작했다. 두 번째 경교 선교사들과 가톨릭 선교사들은 비록 공식 협력 관계를 맺지는 않았으나, 동시대에 중국에서 선교사역으로 함께 섬겼던 것이다.

경교의 2차 중국 진출과 때를 같이하여 중국 선교를 시작한 로마 가톨릭 교회에 대해 원나라 조정은 우호적이었다. 원나라 황제가 마르코 폴로(Marco Polo)를 통하여 교황청에 일백 명의 선교사를 파송해 줄 것을 요청한 기록이 있다. 이 일이 즉시 성사되지는 못했지만, 얼마 후 바티칸

---

183 Foster, *The Church in the T'ang Dynasty*, 131-133.
184 John Kesson, *The Cross and the Dragon* (London: Smith Elder & Co., 1854), 41-3.

교황청은 일차로 선교사 팀을 보냈고 계속 선교사역을 확장했다.[185] 1308년에는 존 코빈(John of Mount Corvin)을 극동 지역 최초의 대주교로 임명할 정도로 교세가 성장했다.[186] 비록 경교 신도들이 원조 중국에서 표면적으로 큰 성공을 거두지는 못하였으나, 수세기에 걸쳐 경교의 선교사역이 남긴 발자취는 뒤늦게 중국에 온 로마 가톨릭 선교단에게 선교사역과 교회 조직을 든든히 세울 수 있는 기반이 되었다는 것이 연구자들의 일치된 평가이다.[187]

고고학 연구 현장에서 발견된 유물들

경교의 흔적은 극동에서 발견된 고고학적 유물에서도 보게 된다. 십자가와 같은 상징물은 오랜 기간을 두고 중국에서 빈번하게 발견되는데 몰리(Moule) 같은 학자는 신석기 시대 도기에 나타나는 십자가 문양이 상(商) 왕조(1700-1100 B.C.) 때의 것이라고 주장한다. 유사 이전에 십자가를 사용했다는 기록은 찾아볼 수 없으나 당조 이후에는 경교도들이 거주했던 지역에서 적지 않은 십자가 형상이 출토된다. 십자가는 기독교 신학의 중심이며 하나님의 계시의 증표로 여겼던 것이다.

십자가는 누가 뭐래도 기독교의 완전한 상징이다. 17세기에 출토된 경교 기념비는 그 즉시 기독교에 속한 유물임이 확인되었다. 비석 정상부에 새겨져 있는 십자가가 그 사실을 알려 주었던 것이다. 몰리

---

185 Ibid., 83.
186 Stephen Neill, *A History of Christian Mission* (London: Penguin Books, 1984), 127.
187 E. A. Gordon, *Asian Christology and the Mahayana* (Tokyo: Maruzen, 1921), 216.

(Moule)와 펠리엇(Pelliot)은 돈황 문서를 연구하면서 거기 묘사된 십자가를 면밀히 조사한 결과 그것이 예수의 십자가 고난을 의미한다고 단언했다.[188] 13세기 원나라 왕실 문서에 따르면 마르코 폴로가 쿠빌라이칸(Kubilai Khan)에게 십자가 고난에 대하여 전했다고 한다.[189] 중국을 비롯하여 한국과 일본에서도 수많은 십자가 모양의 유물이 보고되고 있는데, 여러 측면에서 이에 대한 연구와 논의가 이루어지고 있다.

한국의 오래된 불교 사찰에서 돌 십자가가 나온 사실은 자못 신기하고 흥미로운 일이다. 돌 십자가는 신라 때 한 승려가 당나라에 유학 중 경교 선교단의 영향을 받고 귀국하여 한국 불교에 남긴 흔적이라는 설이 있다. 오늘날 이런 십자가 모양의 유물들이 고고학 발굴 현장에서 경교의 흔적으로 관찰되고 있는 것이다. 이런 고고학적 발견은 극심한 박해 중에 경교도들이 생존을 위해 '아말감' 잠적을 함으로써 그들의 신앙을 보전했다는 추론을 뒷받침해 준다.

다른 중요한 유물이 당조 중국의 수도 근방인 루관대(樓觀台) 소재 칠층탑에서 발견되었다.[190] 이 유물은 경교 선교활동에 관한 유력한 정보의 출처가 될 것으로 기대를 모으고 있다. 당조에 건립된 오랜 탑 내벽에 새겨져 있는 부조가 '성모와 아기 예수'의 모습과 '요나 선지자'로 추정된다는 것이다.[191] 구조물의 특징들로 보아, 7세기에 대진 경교 수도

---

188 A. C. Moule, "The Use of the Cross among the Nestorian in China" T'oung Pao 28, (1931): 78.
189 Ibid., 80.
190 M. Palmer, The Jesus Sutras, Rediscovering the Lost Scroll of Taoist Christianity, 28-32.
191 Ibid., 35-7.

원에 세워졌던 것이라는 추측을 낳고 있는 이 탑은 중국 정부가 조심스럽게 보수하였다. 건물이 동쪽을 향하고 있다는 사실은 그것이 기독교 구조물이었다는 유력한 증거라고 한다. 최근 루관대 지방 정부는 이 지역을 도교와 고대 기독교의 사적지로 지정하고 관광 단지로 개발하면서 '대진사 경구'라고 명명하였다. 정부 관리자의 설명에 의하면 칠층탑 경내에서 발견된 유물이 '대진경교유행중국비' 비문 내용을 뒷받침하고 있으므로 경교의 역사적 발자취를 전시하는 뜻에서 경교 기념비 복제품을 탑 앞에 세웠다고 한다.

일본 문화가 채용한 기독교 이념

경교의 흔적들은 일본 문화에서도 찾아볼 수 있다. 사에키는 기독교적인 개념이 일본 종교와 문화 관습에 채용되어 있는 사례들을 소개하고 있다. 중국에서 오래전에 없어진 것들이 일본에는 아직도 보전되어 있는 예를 볼 수 있다고 한다. 중국에서 보기 힘든 고서적들이 일본에는 잘 보존되어 있고, 지금 중국에서는 쓰지 않는 악기가 일본에서는 9세기에 들여온 이래 지금까지 사용되고 있다는 것이다.

종교의 경우에서도 비슷한 사례를 찾아볼 수 있다. 일본 불교의 큰 종파들은 모두 대승불교에 속한다. 그 교리는 스리랑카와 인도에서 보는 소승불교와는 크게 다르다.[192] 권위 있는 학자들은 신란(親鸞, 1173-1263)이 중국의 고승 샨토(681년에 사망, 善導)의 가르침을 통해 기독교적 구원과 삼위일체 교리를 깨닫고 일본의 아미타바(우리말로, 아미타

---

192 Saeki, *The Nestorian Monument in China*, 146.

불) 신앙으로 발전시켰다는 설에 동의하고 있다.[193] 샨토가 어떻게 '아미타바의 신앙으로 영생을 얻는 법'을 알게 되었는지는 신비하고 중요한 질문이 될 수 있을 것이다. 당조의 고승 샨토는 경교가 중국에서 번성하던 시대의 인물로서 경교 지도자들과 친근했고 당나라 황제와도 가까웠다고 한다.[194] 일본 불교는 알로펜이 중국에 온 이래 중국의 영향을 복합적으로 받기 시작했고, 몇 세기를 지나며 성장 발전한 것이다. 그리고 13세기에 이르러 신란(親鸞)이 정토종을 창시하여 대표적 종파로 교세를 키운 것이다.[195]

사에키는 고대 중국의 수도 장안(지금의 시안)의 지도를 보면, 일본의 옛 수도(784-1868) 교토의 도시 계획이 장안의 영향을 받았음을 알 수 있다고 지적했다. 교토의 도시 구조가 당나라 수도를 본떠 설계된 흔적이 뚜렷이 보인다는 것이다.[196] 이 외에도 중국의 문화 풍습을 모방한 사례가 적지 않다. 조상 제사, 결혼식 등 8, 9세기에 당나라 수도에서 유행하던 풍습들이 모두 일본으로 유입된 후 원형에 가까운 형태로 남아 있는 현상을 확인할 수 있다는 것이다.[197]

고대 한국 불교에서 발견되는 경교의 흔적

한국에서도 경교의 흔적들을 볼 수 있다. 8세기에 창건된 한

---

193 Ibid., 148-9. 아미타불은 "재림하시는 구세주"를 의미하는 불교의 핵심적 존재를 뜻한다.
194 Ibid., 148.
195 Ibid., 147.
196 Moule, *Christians in China Before the Year 1550*, 31.
197 Saeki, *The Nestorian Monument in China*, 145.

국의 불교 사찰 불국사를 찾아온 영국의 고고학자 엘리자베스 골든 (E.Gorden)은 석굴암의 불상들이 당조 중국의 경교로부터 영향을 받았다고 결론지었다. 또한 '어머니와 아기' 상(이른바 마리아 관음상)의 그리스 미술 기법도 경교의 영향으로 보았다. 골든 여사는 경교 기념비의 복제품을 만들어 금강산 장안사에 세우기도 했다.[198]

임정의는 한국 불교 구조물에서 엿보이는 팔레스타인과 시리아의 건축 기법이 일본 불교에도 영향을 주었다고 지적했다.[199] 불교 사적지에서 발견된 고대 기독교 유물 중 선별된 아래와 같은 것들이 숭실대학교 박물관에 전시되고 있어 일반인의 관람도 가능하다.

- 성모 마리아상(8-9세기 통일신라 시대 유물로 추정)
- 돌 십자가(8-9세기 경교 유물로 추정)
- 금속제 십자가 장식품
- 1931년에 복사한 중국어 경교 경전
- 1603년에 제작된 세계지도

기독교적 영향의 증거

극동 국가에 존재했던 경교가 다른 종교들에게 기독교적 영향과 감명을 주었을 가능성이 충분히 있다고 본다. 어떤 학자들은 불교가 인간의 고통 문제 취급에서 종교적 교화력이 큰 것은 기독교의 영향이라고 지적한다. 특히 대승불교에서 기독교적인 칭의 교리와 메시아 재림

---

198 Gordon, *Asian Christianity and the Mahayana*, 48-9.
199 Tang, *A Study of Nestorian Mission Works in East Asia, Concerning Nestorianism*, 57.

신앙 등을 찾아볼 수 있다는 것이다. 경교 선교사들이 현지 문화에 상황적으로 적응하기 위해 경전 번역 과정에서 핵심적 불교 어휘를 채택했던 것은 지혜로운 일이었다고 판단된다. 교회 대신 사찰, 성경 대신 경전, 사제 대신 승려 같은 어휘로 대체한 사실은, 불교 경전을 인도의 범어에서 중국어로 번역하는 과정에 시리아 사제들이 조력했을 때, 불교 측도 기독교의 개념들에 쉽게 접근하고 이해하는 기회를 얻었을 것이다.

도교에서도 역시 기독교와 공유하고 있는 개념들을 찾아볼 수 있는데, 특히 창조 설화에 나타나는 이원적 대비 개념인 양과 음, 남자와 여자 등이 그 예이다. 그러나 도교의 경전인 《도덕경》은 인생 문제를 다루는 가르침에서 실제적 해답을 제시하지는 못하고 있다. 마찬가지로 유교도 기독교와 많은 교훈을 공유하고 있다. 특히 유교의 가르침은 기독교의 윤리 지침인 십계명의 두 번째 부분(제5계명에서 제10계명까지)과 일맥상통한다. 그러나 공자는 하늘에 계신 창조주 하나님의 개념을 가지고 있었다고 하지만 사람이 죽은 후 그 영혼 문제에 대해서는 입을 닫고 있다.

중국 기독교 선교사역의 교두보

일찍이 7세기에 중국에 온 경교 복음 선교단은 선구자적 역할을 성공적으로 감당하였다. 뒤를 이어 중국에 도착한 기독교 선교 팀들은 경교가 닦아 놓은 기반 위에서 효과적인 선교사역을 수행할 수 있었다. 로마 가톨릭 교회의 예수회 신부들과 마테오 리치, 그리고 개신교의 로버트 모리슨과 허드슨 테일러 같은 출중한 선교사역자들은 경교 선교사들이 남긴 큰 발자국 위에 그들의 업적을 쌓아 간 것이라고 평가할 수 있다.

마테오 리치의 문서 출판

사에키는 경교의 사역 방식이야말로 신뢰할 수 있는 중요한 선교 전략이라고 말했다. 그는 이렇게 단언한다. "극동에서 선교사역에 헌신하는 사람은 모름지기 복음의 씨앗이 이미 뿌려진 현장에서 일하고 있다는 사실을 반드시 기억해야 한다."[200] 이는 '선교의 바통을 이어받고 달리는 승리의 계주자'라는 말로 표현될 수 있다. 그리고 이 릴레이의 첫 번째 주자는 '대진 경교'라는 칭호로 세상에 선포되었던 가장 용기 있는 경교 선교단이었다.[201] 이 칭호는 후일 서방교회에서 '광명의 종교'로 번역되어 널리 알려졌다.[202]

선교 릴레이의 두 번째 주자는 동시대에 공존했지만 구체적인 선교 협력은 없었던 두 선교단들이었다. 13세기에 원조 중국에서 활동한 경교 선교단과 로마 가톨릭교회의 프란시스칸 선교단이 그들이다.[203] 이때 중앙아시아로부터 중국에 들어온 경교 선교단은 '야리가온(也里可溫)'이라는 이름으로 불리고 있었다.[204] 그리고 바티칸의 파송을 받고 중국에 온 가톨릭 선교단의 사역은[205] 서방 교회가 역사상 최초로 중국 본토에 등장한 사건이었고, 16세기에 뒤따라오는 다음 선교팀들의 사역을

---

200 Saeki, *The Nestorian Monument in China*, 93.
201 Ibid., 162.
202 F. V. Holm, *The Nestorian Monument, An Ancient Record of Christianity in China* (Chicago: Open Court, 1909), 11.
203 Couling, *The Luminous Religion*, 25.
204 Lim, *A Study of Nestorian Mission Works in East Asia, Concerning Nestorianism*, 30.
205 Neil, *A History of Christian Missions*, 126.

위한 토대가 되었던 것이다.[206]

　　가톨릭의 예수회 선교단을 이끌었던 마테오 리치(1552-1610)는 경교로부터 고귀한 복음의 바통을 이어받아 선교사역에 매진했다. 그는 마카오에 상륙하여 오랫동안 선교하다가 1601년 수도 북경에 들어왔다. 그의 사역은 용이하거나 평안한 것이 결코 아니었으나 경교 선교단의 특징인 비폭력 전도 방식으로 선교의 교두보를 구축할 수 있었다. 그는 중국인 서민들과 같은 생활을 하면서 기독교의 교리를 현지인 문화에 상황적 적응이 되도록 힘썼다. 리치는 주로 상류 계급에 접근하여 많은 친구를 만들었고, 다음 세대도 따라올 수 있는 선교 방법의 본보기를 마련해 주었다. 실제로 그는 수학과 지리학 등의 과학적 지식이 풍부한 유학자가 되었다. 그는 세계지도를 중국인 친구들에게 보여 주어 중국이 세계의 중심이 아니라는 사실을 깨닫게 해 주었다. 그는 언어의 달인으로 알려졌고 중국의 고전도 암기하여 그의 저술에 효과적으로 활용했다. 그는 중국말로 가르치고 중국어로 책을 썼는데 《천주실의('T'ien-chu-shih-I, 天主實義)》는 그의 대표작이다. 번역하면 '하느님의 참 이치'이다. 이것은 불교를 대상으로 기독교 신학을 변증한 책이었다. 리치는 불교의 가르침을 받아들이지 않고 거부함으로써 기독교 진리가 불교 이념으로 희석되지 않고 전파될 수 있게 했다.[207] 이 유명한 책은 기독교 신앙을 가르치는 초보적 교본이었다. 중국인과 한국인 중에서 많은 지식인이 이 책을 공부하여 그 이치를 터득했다. 리치는 기독교 신앙이 중국인에게 잘 수용되도록 힘쓰는 한편, 자기 자신도 중국인의 문화를 수용하

206　Ibid., 127-8.
207　S. H. Moffett, *A History of Christianity in Asia, Vol. II*., 114.

려고 노력했던 것이다.

리치는 청나라 황제를 만나 보지는 못했으나, 선교사역의 성과가 매우 컸고 교회 재산도 소유했으며, 후일 그곳에 묘지를 조성하기도 했다. 아담 샬(Adam Shall, 1591-1666)은 리치의 뒤를 이어 선교사역을 수행하면서 황실에서 전문직 봉사도 하였다. 특히 그는 천문학과 역법에 관한 선진 지식으로 크게 공헌했다.[208] 기독교가 중국인의 환대를 받기도 했지만, 다른 한편 문화적 갈등과 저항에 부딪치기도 하였다.[209]

레온 리(Li Zhizao, 李之藻)는 마테오 리치의 제자로 초기 중국교회의 '세 기둥'으로 알려진 인물 중 한 사람이다. 세 사람 모두 상류 계급 출신으로 중국의 가톨릭 교회 건설에 앞장서는 한편, 서양 과학과 철학을 중국에 소개하는 역할도 감당한, 영향력이 큰 인물들이었다.[210] 리치는 유능한 제자들을 선발하여 지방에 교회를 세우는 일을 맡겼다. 리치는 교회당을 중국의 건축 양식으로 짓게 했는데, 비용이 저렴하기 때문이기도 했지만, 기독교가 서양 문화의 예속물이 아니라는 자신의 신념을 보여 주기 위함이기도 했다.[211]

로버트 모리슨의 성경 번역

서기 1807년 최초의 개신교 선교단이 마카오에 상륙했다. 로버트 모리슨(Robert Morison, 1782-1834)은 영국의 런던 선교회가 중국

---

208 Neill, *A History of Christian Missions*, 188.
209 S. H. Moffett, *A History of Christianity in Asia*, Vol. II, 130.
210 Ibid., 111.
211 Ibid., 109.

에 파송한 개신교 선교의 선구자였다. 언어학자인 모리슨은 선교 전략의 기초를 다지기 위하여 중대한 결심을 했다. 성경을 중국어로 번역하는 사역에 생애를 바치기로 한 일이었다.[212] 그는 중국인이 유럽으로부터 얻고자 하는 것은 그리스도에 대한 지식이라고 믿었다. 모리슨의 목적은 세계 인구의 사분지 일이나 되는 중국인들이 모두 읽을 수 있는 최초의 성경 전서를 출판하는 일이었다. 이후 극동의 선교 역사는 이것이 옳은 결정이었음을 입증해 주었다.[213]

모리슨은 개신교 선교사로 자리 잡는 과정에서 적지 않은 애로를 겪어야 했다. 교역 목적 외에는 중국인이 외국인과 교제하는 것을 엄격히 금하는 법이 있었기 때문이다. 마카오에는 가톨릭 선교사들이 사역하고 있었으나 전혀 도움을 주지 않았다.[214] 결국 동인도회사에 취직하여 가족 부양과 복음 전파를 위한 수입을 얻게 되었다. 그는 회사에서 번역 업무를 담당하면서 중국어에 숙달하게 되고 현지인과 만나는 기회도 갖게 되었다. 1812년 그는 사전을 출판하고, 중국어 문법서를 완성해 냈다. 사전과 문법서의 출간은 영국인이 중국을 이해할 수 있는 도구가 마련되었다는 의미에서 획기적인 사건이었다. 드디어 1819년 그는 신구약 성경을 완역하여 출판하였다. 모리슨은 많은 중국 서적을 영국에 들여다 런던 대학교에 기증하여 장래의 선교사들을 훈련하게 하였다. 그는 중국인의 구어체로 된 신약 성경을 개역판으로 발간하기도 했다.

경교 선교단은 기념비를 만들어 삼위일체 하나님의 속성과 구약성

---

212 Neill, *A History of Christian Missions*, 280-1.
213 S. H. Moffett, *A History of Christianity in Asia*, Vol. II, 288.
214 W. L. Townsand, *Robert Morrison, Pioneer of Mission to China* (London: Pickering & Inglis, 1928), 49, 59-60.

경의 천지창조 설화를 소개하고 신약 성경에서 인용한 구절들을 적었으나, 성경을 언급하지는 않았다. 10세기가 지난 후 마테오 리치도 많은 책을 썼지만 성경 번역은 생각하지 못했다. 그러나 모리슨은 신령한 지혜로 성경이 필요한 때를 알고 성경 번역에 착수했던 것이다. 그는 12년이나 걸려 성경 번역 사역을 완수했다. 그의 또 하나 위대한 업적은 영-중 사전을 편찬한 일이다. 이 사전은 16년이 걸린 역작이었다.[215] 모리슨은 성경과 전도 책자를 널리 배부하는 방법을 개발했으며 한국, 태국 그리고 중국 내륙에 수많은 출판물을 보급했던 것이다.[216]

모리슨은 의료 선교의 개척자이기도 하다. 그는 이상하게도 개종자를 얻어 세례를 베푸는 일에서는 이렇다 할 성과를 거두지 못한 선교사였다. 그러나 그는 장래를 멀리 내다보는 선구적 안목으로 개신교 선교의 견고한 기초를 닦은 선교의 달인이었다. 수년 후 유럽과 미국의 주요 개신교 교단들이 앞을 다투어 많은 선교사들을 중국에 파송하기 시작했다. 그들은 이미 번역된 성경과 출간된 기독교 문서들을 가지고 중국 전역에 흩어져 복음 전파에 진력했고, 무수히 많은 교회와 학교와 병원들을 설립했다.

제임스 허드슨 테일러(James Hudson Taylor)의 중국내지선교회

19세기를 통틀어 중국에서 개신교 선교활동을 한 최대의 선교 단체는 초교파로 운영된 허드슨 테일러(1832-1905)의 중국내지선교회다.

---

215 Ibid., 123-4.
216 Ibid., 157.

테일러는 여러 나라의 모든 개신교 교파로부터 선교사를 받아들였다.[217] 선교부의 정책 기조는 성서적 원리와 함께 구체적인 역사 배경에서 나온 것이었다.[218] 테일러는 일생 동안 토착화와 상황화의 도전과 씨름하며 선교 운동을 전개해 나갔다. 그의 문화 적응을 통한 선교 시도는 혁신적이었고, 다른 이들에게 자극과 본보기가 되었다.[219] 중국인은 오랜 세월 중국이 세계의 중심이라고 믿었고, 외국인을 중국 땅에 고통과 불행을 가져다주는 문제거리로 여겼다. 그래서 테일러는 현지 문화에 적응하는 상황화 방법을 선택하여 중국식 두발형을 취하고 중국식 의복을 착용했던 것이다. 그는 중국인의 머리 모양을 하고 중국인의 옷을 입었을 뿐 아니라, 마음과 의식까지도 중국인과 같이하려는 순수한 노력으로 선교의 열매를 거두었다. 그는 심지어 몇몇 다른 중국어 방언으로 설교도 할 수 있었다.

테일러의 선교활동은 '모든 것을 모든 사람을 위하여' 실천한 주님과 바울의 발자취를 따르는 복음사역이었다. 이미 수세기 전에 경교 선교단이 테일러의 경우를 능가하는 상황화 선교 전략을 구사했던 사실을 상기하면, 중국 내지 선교회는 경교의 옛 터전 위에 서 있었다고 볼 수 있으며, 마치 경교의 부흥 역사와 같이 전국 각지에 설립된 수도원의 성공적 운영에 힘입어 중국 내지 선교회의 복음 전도는 중국 전역으로 확산되었던 것이다. 테일러는 하나님의 섭리를 전적으로 신뢰하는 사람답

---

217 S. H. Moffett, *A History of Christianity in Asia*, Vol. II, 466-7.
218 D. Bacon, "The Influence of HudsonTaylor on the Faith Missions Movement" (PhD diss., Trinity Evangelical Div. School, 1984), 30.
219 Ibid., 38.

게 탁월한 지도력을 발휘했다.[220] 그러나 선교는 어디까지나 하나님의 일이고 또 오직 하나님의 방법으로만 가능하다는 사실을 기억해야 할 것이다.

중국내지선교회가 초기 단계부터 성공적이었던 것은 아니었다. 피전도자 중 개종하거나 세례받는 비율은 겨우 1퍼센트 미만에 불과했다. 그래도 꾸준히 많은 선교사를 파송하고 상당한 재정적 투자를 했다. 결과적으로 선교회의 사역은 계속 확장되었고 심지어 여자 선교사들이 가입하여 주목할 만한 성과를 올렸다.[221] 삼인조 여자 선교사들은 여러 편의 글을 통해 그들의 목적이 특정 인물의 개종이나 지교회의 개척보다 가급적 넓은 지역에 복음을 반포하는 일이라고 밝혔다. 그들은 순회 전도를 통하여 '씨를 뿌리는 것'이 주 임무이며 후일 다른 일꾼으로 하여금 열매를 거두게 하는 것이 목적이라고 피력했다.

1888년 테일러는 디 엘 무디(D.L.Moody)가 주재한 나이아가라 성경 대회에 초청되어 중국 선교사역에 공동으로 참여하는 계획을 협의했다. 그 후 북미주의 후원자들과 조직적으로 제휴하게 되었다. 이로서 국제적 선교 기관으로 발돋움한 중국내지선교회(C.I.M.)는 북유럽, 독일, 호주와 뉴질랜드 출신 선교사들을 영입하여 활동 범위를 더욱 넓혀 갔다.[222] 그는 중국 내륙을 두루 다니며 선교 기지를 개설한 다음 영국으로 가서 필요한 선교사를 증원 모집했다. 51년간의 사역 결과 중국내

---

220 P. Thompson, *Proving God, Financial Experiences of the China Inland Mission* (London: Overseas Missionaried Fellowship, 1956), 95-99.
221 D. Bacon, *The Influenceof Hudson Taylor on the Faith Missions Movement*, 63-7.
222 Ibid., 56-7.

지선교회는 205개 기지에 800명 선교사와 12만 5천 명의 중국인 사역자를 동원하는 대규모 기관으로 발전했다.[223] 한편, 신약성경을 닝포 지역 방언으로 번역했으며 많은 성경 공부 교재를 발간하여 배포하였다.[224]

테일러는 아편전쟁을 반대하는 운동에 앞장섬으로써 19세기 서방 세계가 배출한 가장 주목할 만한 비폭력주의자라는 인정을 받았다. 의화단 사건(1899-1901)은 중국내지선교회에 큰 인명의 손실과 재산의 피해를 입혔다.[225] 그러나 테일러는 정부의 보상금을 거절하며 그리스도가 가르치신 양순과 온유를 실천한다고 언명하여 중국인들을 감동시켰다. 드디어 1925년에 이르러 중국 전역에서 도합 8천여 명에 달하는 선교사들이 활동하는 수준이 됨으로써 가장 주목받는 세계 선교사역 현장의 하나로 알려지게 되었다.[226]

네비우스(1929-1983) 선교사가 중국에 와서 낡은 선교 방법을 지양하고 새로운 선교 원리를 제시한 것이 오늘날 삼자주의로 불리우는 선교 방법론의 원형이다.[227] 자력 유지, 자주 치리, 자진 전도 3대 원리가 네비우스 선교 방법론의 핵심이었다.[228] 중국내지선교회(C.I.M.)는 네비우

---

223 Neill, *A History of Christian Missions*, 338.
224 F. N. Stocker, *Hudson Taylor, Trusting God No Matter What* (Chicago: Moody Press, 1986), 108.
225 S. H. Moffett, *A History of Christianity in Asia, Vol. II*, 484-5.
226 W. Dehoney, *The Dragon and the Lamb* (Nashville: Broadman Press, 1988), 17.
227 P. Thompson, *China: The Reluctant Exodus*, (Manchester: Hodder & Stoughton, 1979), 18.
228 Ibid., 17.

스의 제안의 채택 여부를 심각하게 고려하게 되었다. 공산당 정부가 중국에 수립되기 오래전에 기독교 선교 단체 중에는 이미 삼자주의 원리를 공식 적용하고 있었다. 그리하여 중국 교회 지도자들은 능력 있는 설교를 할 수 있게 되었고 저작활동도 하기 시작했다.[229] 궁극적으로 중국의 복음 전도 사역은 중국 땅에 깊이 뿌리를 내린 건전한 중국 교회 자체에 달려 있다는 결론에 도달한 것이었다.

1949년, 중국 공산군이 베이징으로 진입해 왔을 때, 서방의 기독교회가 주도하던 중국의 복음전도 시대는 끝이 났다. 마침내 1953년 7월 중국 내지선교회(C.I.M.)는 중국에서 완전히 철수했다. 선교회의 강제 철수로 인해 중국에 있는 하나님의 교회는 예측 불능의 새 시대를 맞게 된 것이었다.[230] 한편 동남아 일대에 중국인 화교 수백만 명이 거주하고 있었으므로 중국어를 구사하는 선교사들은 지체없이 그리스도를 위하여 그들을 향한 선교사역에 나섰다. 중국 본토의 교회는 외국 선교 기관 없이도 독립 교회로서 충분히 성장할 수 있을 것이다. 그러나 서방 교회가 영적 지원과 성서적 자료를 계속 공급해 주는 것은 바람직한 일이라고 하겠다.[231]

극동 국가들에 남아 있는 기독교 복음의 지속적 영향

중국인 순례자들의 노력으로 다량의 불교 경전이 중국에 반입되었다. 현장(玄奘)은 불경을 가져온 대표적인 사람이다. 그는 10년 이상 인

---

229 Ibid., 11.
230 Ibid., 83.
231 Ibid., 86.

도와 중앙아시아를 순례하고 서기 645년에 모국에 돌아와 불교의 교리를 발전시켰다. 그 후에 인도의 고승 바디라가 중국에 옴으로써 중국 불교는 한층 더 정비되었다. 바디라가 중국에 머물었던 시기는 한국과 일본이 중국으로부터 모든 선진 문화를 수입해 들이고 있던 때이기도 하다.[232] 사에키는 이들 불교의 고위 성직자들이 7세기부터 9세기에 이르는 동안 중국과 일본 문화 발전의 황금기를 형성하는 데 뜻깊은 공헌을 함으로써 외국 문명에 접근하는 길을 터주었다고 확신했다. 그러므로, 경교 선교단의 역할은 일본의 서양 문명 수용 시기를 1000년은 앞당겨 주었으리라는 것이다.[233]

경교 기념 비문에 따르면 제3대 고종 황제(650-683)는 저명한 고승 샨타오(Shan-Tao, 善導)와 교분이 두터운 불교도이면서도 기독교 선교활동을 적극 후원했다. 그의 치세 아래에서 당조 중국은 태평성대를 누렸고 백성들의 생활도 풍요하고 행복했다고 전한다. 이때 샨타오도 경교의 가르침을 상세하게 알 수 있는 기회를 가졌을 것이다.[234] 유학생으로 당나라에 와서 수학하고 서기 784년경 일본으로 귀국한 불교 승려들은 경교 기념비를 볼 수 있었을 것이다. 임정의는 이 시기에 뛰어난 일본의 불교 승려들이 당조 중국에 머물고 있었으며, 그중 한 사람인 코보 다이시(Kobo-Daishi, 弘法大師)가 경교비를 관찰했을 가능성을 다음과 같이 지적했다:[235]

---

232 Saeki, *The Nestorian Monument in China*, 139-40.
233 Ibid., 118.
234 Ibid., 153.
235 Lim, *A Study of Nestorian Mission Works in East Asia*, Concerning Nestorianism, 55.

"이미 예시한 바대로 코보 다이시는 분명히 경교가 가르치는 교리와 예배 의식에서 영향을 받았을 것이다. 같은 시기에 함께 수학한 그와 동문수학한 다른 제자들도 역시 경교의 가르침에 대하여 숙지했을 것이다. 또 유명한 경교와 불교 전문가였던 영국의 엘리자베스 골든(E. A. Gordon)이 일본의 불교 성지인 고야산에 경교비의 모조비를 만들어 세웠고 한국에도 금강산에 같은 모조비를 세움으로써 두 나라가 공통으로 경교의 영향을 받았을 가능성을 제시하였던 것이다."

한국인은 외국 선교사가 들어오기 이전에 스스로 기독교 신앙을 받아들이고 교회를 세운 특이한 역사를 갖고 있다. 18세기에 청조 중국으로부터 굳게 닫힌 국경을 넘어 들여온 서책을 통하여 한국인들 스스로가 이른바 자생적 천주 교회를 세운 것이었다.[236] 중국인 신부가 북경에서 한반도로 파송되고 나서 5년 후에는 신도가 무려 일만 명 이상으로 증가했었다. 19세기는 교세가 더욱 발전하였으나 동시에 혹독한 박해가 연이어 발생했고 1866년에는 최악의 박해인 병인교난을 겪었다. 그러나 한국 가톨릭 교회는 끝내 살아남았고 선교의 열정을 지켜왔다. 한국의 선비들은 중국에서 발간된 한문 기독교 서적을 돌려 보았고, 교육받지 못한 평민들은 언문(지금의 한글)으로 된 책을 널리 읽었다. 한글은 한국어 '알파벳'인데 15세기에 세종대왕이 집현전 학사들과 함께 창시한 세계적으로 가장 우수한 문화 산물로서 한국인에게 성경을 보급하는 절대적인 도구가 되었다. 한국어 알파벳은 몽골계 언어 체계에 뿌리

---

236 S. H. Moffett, *A History of Christianity in Asia*, Vol. II, 311-2.

가 닿아 있고, 일찍이 중앙아시아에서 사역했던 경교 선교단으로부터 전수된 원리에 따른 문자라는 설이 있다.

한편 1878년 중국 만주 지방에서 영국인 로스(John Ross) 선교사에게 세례를 받은 한국인 최초의 개신교인들이 있었다. 이들은 선교사를 도와 한글 성경의 번역과 출판에 공헌한 인물들로서 고향에 돌아와 최초의 개신교회를 독자적으로 개척하였다. 또 1883년에는 일본에 와 있던 한국 외교 사절단(紳士遊覽團)의 수행요원 한 사람 이수정(李樹廷)이 개종하여 세례받고 한글로 성경을 번역한 사실이 있다. 1885년 두 명의 미국 선교사가 처음으로 한국에 입국할 때 일본에서 발간된 한글판 마가복음을 안고 들어왔고 또 이미 결신하고 교회를 섬기고 있는 신자들에게 세례를 베푸는 사역부터 시작하였던 것이다.

한국인 개신교 지도자들이 교회 발전을 위하여 네비우스가 제안한 방법을 채택한 결과 전국적으로 급속한 교회의 성장을 보게 되었다.[237] 그로 인해 뜨거운 선교열이 불붙었고 복음 전도 운동이 일어나는 계기가 되었다. 한국 개신 교회는 선교 130년을 기념하는 현재 세계 전역에 이만 명 이상의 한인 선교사를 파송하여 예수의 복음을 전파하고 있다. 오늘날 한인 기독교인의 불타는 선교열은 몇 세기에 걸쳐서 여러 모양 여러 단계로 흘러 내려온 선교의 물줄기가 한데 모여 이룬 열매라고 할 것이다. 이 선교의 물줄기 가장 상단부에 위치한 마르지 않는 샘이 바로 고대 중국의 경교 선교단이 아닐까 한다.

---

[237] L. G. Paik, *The History of Protestant Missions In Korea, 1832-1910* (Seoul: Yonsei University Press, 1980), 215-7.

극동에 자취를 남긴 경교의 영향력

경교가 7세기에 중국 본토에서 선교 기지를 설립했다는 사실이 경교 기념비 비문에 밝혀져 있다. 돈황 출토 문서들은 중국에서 선구자적 역할을 한 경교 선교단의 성격과 업적을 정확한 묘사로 입증하고 있다. 비록 845년 공포된 칙령으로 모든 외래 종교의 활동이 중단되고 경교도 극심한 박해를 받았으나 중국에서 기독교 신앙이 결코 멸절되지 않았다는 사실이 분명해졌다. 가톨릭교이든 개신교이든 모든 선교팀은 여러 세기를 통하여 복음 전도를 위한 노력을 계속했다. 경교라는 조직적 교회 구조는 자취를 감추었지만, 그들이 존재했던 사실과 그 영향력이 지속되고 있다는 실제적 증거들이 속속 드러나고 있다. 더구나 선교의 열정과 함께 꾸준히 발전하고 성장하는 한인 교회에도 일정한 영향을 남겼다고 생각하면 참으로 뜻깊은 공헌이 아닐 수 없다. 현재 한인 선교사들은 세계 각처의 선교현장을 향하여 행진하고 있다. 한편 일본은 극동에서 초기의 미국 선교팀을 지원하는 기지 역할을 했다. 일본의 불교는 많은 종파가 있는데, 그들 중에서 경교의 영향으로 보이는 흔적들을 발견할 수 있다. 교육받은 불교도들 가운데 학문적 탐구를 통하여 기독교에 흥미를 가졌다가 개종하여 기독교 지도자로 두각을 나타낸 인물들도 있다.[238]

당조 경교 선교단의 가장 중요한 공헌은 성경에 입각한 교리인 창조주 유일신 하나님 개념을 중국인이 깨달을 수 있게 도와준 사실이다. 선교사들은 점진적으로 '샹티(하나님 上帝)'와 '셩링(성령 聖靈)' 등의 기

---

[238] Ryo Un Kamegai, *From Buddhism toward Christ* (Tokyo: Okawahara, 1988), 20-24.

독교 용어를 소개하였다.[239] 그리고 주목할 만한 진보가 계속되었는데 후대의 다른 선교단체들을 통하여 이루어진 것이다. 선교 팀들은 기독교 복음전도라는 동일한 목표를 향하여 구간을 나누어 달리는 릴레이의 경주자들과 같았다고 할 수 있다.

공산화 이후 중국 기독교인들은 일련의 선교단체들이 여러 세기에 걸쳐 닦아 놓은 견고한 기초 위에 그들 자신의 든든한 교회를 세우고 유지해 왔다. 그들은 공산 정권하에서 외국 교회의 후원 없이 삼자주의 정책으로 목회를 수행할 수 있었다. 오늘날 중국에는 실재하는 여러 장벽에도 불구하고 기독교인들의 수가 크게 증가하고 있다고 한다. 그 수가 무려 인구의 약 10퍼센트에 이를 정도라는 비공개 통계 보고와 함께 지금도 증가 추세가 계속되고 있음을 보여 주는 증좌가 있다.[240] 오늘날 중국의 기독교가 존속할 뿐 아니라 계속 팽창하고 있는 생생한 역사의 배경에는 여러 다른 요인도 있겠지만, 오래전 중국을 찾아와 활발하게 복음을 전했던 고대 기독교 곧 대진 경교가 남긴 영향도 결코 도외시해서는 안 될 것이다.

---

[239] C. H. Kang & E. R. Nelson, *The Discovery of Genesis*, 43 & 236.
[240] T. Lee, "*An Analysis of the 10 Affecting Factors*" [paper presented at the China Mission Conference, Seoul, Korea, August, 2011]

제5장

결론

결론

　　네스토리우스파 교회로 알려진 경교에 관해서는 역사적으로 많은 논란이 있어 왔다. 그것은 431년 에베소 종교 공의회가 네스토리우스를 이단으로 규정하였기 때문이다. 오늘날도 경교 선교단의 역사를 경원하고 회피하는 경향을 볼 수 있다. 본 논문의 목적은 경교 선교단이 어떠한 방법으로 폐쇄되어 있던 중국 사회에 복음을 전파했으며 또 그들이 남긴 흔적과 영향력이 무엇인가를 조사 연구하는 데 있다. 경교는 독특한 선교 방식으로 극동에서 성공리에 하나님의 구원의 복음을 널리 전파했다. 경교의 영향은 중국과 한국 교회에서도 찾아볼 수 있다. 본 논문은 경교가 당조 중국에 입국했을 당시의 상황과 그 선교사역의 실체, 그리고 경교가 남긴 지속적 영향의 족적을 탐색하였다. 우리는 경교 선교단의 선교 전략에서 배울 것이 많다고 생각한다. 하나님이 불완전한 사람과 교회를 사용하셔서 주권자의 뜻을 이루시는 섭리를 경교 선교단의 역사를 통하여 보여 주신다고 생각하는 것이다.

　　동서 양쪽 교회는 서로 다른 세계관을 체험하면서 사역하였다. 오늘날 탈현대주의(post modernism) 흐름 속에 있는 21세기 교회의 현실은 7세기의 교회가 처해 있던 시대 상황과 비슷한 점이 있다. 서쪽 교회와 동쪽 교회는 생각하는 방식이 서로 차이가 있었다.[241] 이로 인해 양 교회는 서기 325년과 431년 두 차례의 종교 공의회에서 격렬한 충돌 끝에 분열되었고, 그 후유증을 해소하는 데 너무 오랜 시간이 걸렸던 것이다. 이런 문제들을 뒤로하고 동쪽의 교회는 복음을 아시아에 전파하기 시작했고 중국에까지 들어오게 된 것이었다. 수 세기 후에는 서쪽 교회도 중국 선교사역에 동참하여 극동에서 성공적인 복음 전도를 계속하였다. 그리하여 결과적으로 그리스도의 교회는 주님의 지상 명령을 수행하는 과정에서 연합적 성취를 이루게 되었다고 보는 것이다.[242]

연구 결과의 정리

태종 황제의 중추적 역할이 있어 경교의 복음 전도 사역이 든든히 서고 200년 이상 지속될 수 있었다고 해도 과언이 아니다. 황제는 경교 선교단을 지원하는 일이 어떤 것인지 충분히 이해하고 있었다. 중요한 결정을 내리는 과정에 참여한 핵심 인물들 중에는 선교단 지도자들과 함께 불교 학자들도 포함되어 있었다. 경교 선교사들이 생소한 선교지 환경에 처음 자리 잡는 데는 불교 승려들의 협력이 필수적이었다고 할 수 있다.

중국인은 성경에 기록된 하나님의 속성과 진리를 분명히 알게 되었고 찬양과 기도로 예배 드리면서 예부터 경외해 왔던 창조주 하나님

---

241 C. E. Couling, *The Luminous Religion* (London: Carey Press, 1925), 13-4.
242 S. Neill, *A History of Christian Missions. Vol. 6* (London: Pelican, 1984), 558-9.

을 더욱 확실히 믿고 섬겼다. 따라서 그들이 환난과 질고를 무릅쓰고 신앙을 보전한 흔적을 오늘날도 찾아볼 수 있는 것이다. 경교 선교단의 지속적 영향력이 중국 기독교회의 계속적 발전의 밑거름이 되었음을 역사적으로 논증할 수 있다고 생각한다.

당나라 황제 태종의 역할

경교 선교사 알로펜(阿羅本) 주교가 당조 중국에서 기독교를 소개했을 때 중국인은 성경에 입각한 삼위일체 하나님에 대하여 비로소 알게 되었다. 선교사들은 예수의 산상수훈을 포함한 기독교의 복음을 집중적으로 가르쳤다. 태종황제는 경교 선교단에 남다른 지원을 아낌없이 베푼 특출한 군주였다. 어린 시절에 기독교인이었던 조모로부터 적지 않은 영향을 받았던 태종은 성인이 되자 기독교 경전을 더 많이 알고 싶어 했다. 그가 경교의 복음 전도를 윤허한 것은 기독교 성경을 3년간이나 면밀히 조사하고 검토한 다음의 일이었다.

당조 중국은 역사상 최초로 기독교의 포교를 허용한 나라가 되었다. 뒤를 이은 다섯 명의 황제들도 태종의 뜻을 계승하여 기독교 선교단을 지원했다. 황실의 고관과 조정의 중신들 중 황궁 도서관에서 선교사들과 함께 일했던 이들이 기독교로 개종할 기회를 얻었다. 황제는 모든 종교를 허용하는 정책을 공포했으나 다른 페르시아 종교들과 구별하여 기독교를 특별히 호의적으로 대하였다. 경교는 시초에 페르시아에서 왔다는 뜻에서 파사교라고 부르기도 했으나 후에는 로마에서 시작된 종교로 알게 되어 대진교라고 불리었다. 황제 태종은 수도에 대성전 건설을 명하였고 "대진사(大秦寺)"로 명명하였다.

최고 지도자의 협조를 얻기 위한 결정

1625년 시안 부근에서 발견된 경교 기념비에는 중국 최초의 기독교 선교활동의 요지가 적혀 있다. 오늘날 우리는 이 단 하나의 비문에 적힌 사연만으로 알로펜, 경정, 이수 등 경교의 선교사들이 중국의 여러 고위 지도자들과 어떻게 교제했는지를 알 수 있게 된 것이다.

첫째로, 기독교 선교단은 황제 태종의 윤허가 절대적으로 필요했다. 그러므로 중국의 새로운 문화권에 자리 잡기 위해서는 기존 권력 체제를 존중하지 않을 수 없었다. 둘째로, 기독교 서적을 중국어로 적절히 번역하기 위해 언어에 능통한 협력자의 확보가 필요했다. 그리하여 경교 선교사들은 불교 승려들의 협력을 얻었다. 셋째로, 문화적 갈등 없이 현지의 유력자들에게 접근할 방도가 필요했다. 선교사들은 중국의 고유 전통을 존중함으로써 이 문제를 해결했다.

불교 지도자들과의 협력과 조정

경교 선교사들은 대승불교에 영향을 줌으로써 기독교 이념이 그들의 종교 체제에 스며들어 가도록 하였다. 중국에 유학 온 일본의 고위 승려를 위시하여 불교 지도자들에게 여러 기독교 서적을 효과적으로 회람시켜 숙독하게 했다. 성경 구절들을 불교 공동체 내 여러 수련 과정에서 인용하게 했다.[243] 기독교의 대사원 대진사와 불교의 대사찰 서명사(西明寺)가 모두 황궁 가까이 위치하였으므로 양 교의 고위급 지도자들

---

243 한 미국 선교사는 중국어로 된 성경을 일본의 불교 사찰, 홍간지에서 보았다고 증언한 것으로 알려졌는데, 경교 선교사가 번역한 성경으로 믿어진다고 하였다.

이 뜻깊은 영적 경험을 주고받으며 교제했다.[244] 두 종교는 이렇듯 밀접하게 오가며 공존하고 상호 간 성장을 도모하여 전국적으로 교세가 크게 성장하였다

기독교 서적의 선택적 번역

독특한 중국어의 구조 때문에 기독교 어휘의 번역이 곤란했을 뿐만 아니라 사람마다 문장 해석을 달리할 수 있었다. 그래서 교본을 엄격히 선택해서 기독교 교리를 잘못 전달하는 실수를 피하도록 했다. 연구자들은 경교 선교사들이 성경 전부를 중국어로 번역했다는 기록은 찾지 못했다고도 하지만[245] 한편 원조 중국에 온 가톨릭 선교사가 황궁에서 성경을 보았다는 보고도 있다.[246] 그런가 하면 한 일본의 기독교 지도자가 경교 선교사가 번역한 중국어판 성경을 유명한 '텐다이(天台)' 불교 서장고에서 열람했다는 설도 있다. 그러므로 경교 선교사들이 서기 781년 기념비가 세워진 이후 수도원에서 성경 번역에 힘쓴 사실이 있지만, 그것을 세상에 알리지 않고 공개 회람도 허용하지 않았던 것으로 추정한다.[247]

---

244 S. Saeki, The Nestorian Monument in China (London: SPCK., 1916), 72 & 237.
245 L. Tang, "A Study of the History of Nestorian Cristianity in China and Its Literature in Chinese" (PhD diss., Tubingen, Germany, 2002), 207.
246 L. T. Lyall, *A Passion for the Impossible*, The China Inland Mission *1865-1965* (London: Bodder, 1965), 16.
247 J. Sako, *Paul and Sinran* (Tokyo: Chobunsha, 1992), 85.

연구의 분석 평가

경교 선교사들이 당조 중국에 들어와 기독교 신앙을 전할 때 지정학적으로 특별한 상황에서 생활하면서, 소기의 목적을 달성하고 선교사역의 기초를 견고히 닦았다. 그들은 대체로 자급자족하였는데 수도원 경내의 농원 경영에 의존했을 것이다. 그들은 하나님께 헌신하여 기도하고 찬양하며 지극한 정성으로 예배 드리는 열의가 있었다. 선교사들은 중국인들이 가급적 긴장을 덜 느끼도록 조심스럽게 접근했고, 중국어 책자도 주의하면서 점진적으로 출간했다. 심지어 성경 번역도 일부러 더디게 한 듯하다. 출판과 배부의 적기가 성숙할 때를 기다렸던 것 같다.

경교 선교활동이 암시하는 사실

경교 선교사들이 당조 중국에서 사역을 시작했을 때, 후원 교회였던 페르시아의 모교회와는 완전히 연락이 두절된 상태에 있었다. 그들의 선교활동이 암시하는 바로는 모교회로부터 어떤 물자 보급도 받지 못한 것 같다. 경교 선교사들은 생활용품을 스스로 생산 공급했고 조직의 운영과 관리도 자율적으로 해야만 했다. 수도원이 보유하고 있던 자원을 최대한 활용하여 자급자족, 자율 운영을 실천했던 것이다. 그 옛날 경교 선교단이 채택했던 사역 방법과 수도원 운영 방식은 현대 중국 교회의 이른바 '삼자주의 정책'의 원형이라고 말할 수 있다. 그러나 경교의 존립을 확실하게 보장해 준 것은 당나라 황제들의 협력과 지원이었다.

현대의 세계 선교 상황이 고대 경교 선교의 경우와 같지는 않지만, 오늘날 세계 선교 지도자들은 주님의 지상 명령을 완수하기 위해 모든 정보 자원으로부터 배울 점을 찾아야 할 것이다. 어떻게 해서든지 선교사역의 기본 체제를 강화하는 데 보탬과 도움을 얻어야 하기 때문이다. 다시 말하면 경교 선교단의 사역이 남기고 간 것이 무엇이든지, 그것이 긍정적이든 혹 아니든 간에, 현대의 선교 현장에서 고려되고 적용될 수 있어야 한다는 것이다. 경교의 선교활동에 관한 문서 정보가 극히 제한되어 있는 까닭에, 경교 선교사들이 사용했음직한 방법을 연역적으로 탐색하거나 시도해 볼 수 있을 것이다. 이 경우 가장 근접한 사례 중 하나가 허드슨 테일러의 선교 전략과 같은 것이다. 테일러는 예수의 산상수훈을 실천하는 본보기를 잘 보여 준 선교 지도자였다.

중국에서는 지난 8세기 동안 가톨릭교와 개신교의 여러 선교팀들이 나름의 과제를 놓고 노력하며, 각각 복음 전파 사역을 독자적으로 수행했다. 그리고 중국인들의 영성은 조금씩 변화하여 기독교 신앙이 싹트고 자랄 수 있는 바탕이 준비되었다. 중국인 대중이 성경을 입수하자 하나님의 말씀은 그들로 하여금 살아 계신 하나님을 영접하도록 변화시켰다. 그 결과 선교단체들은 '중화의 나라'에서 드디어 열매를 맺기 시작했고, 기독교는 더 이상 외국 종교가 아니게 되었다. 경교 선교단이 이룩한 선구자적 업적은 역사적 증거에 입각하여 적절하게 평가되어야 한다.

기독교 교리의 상황화 적용

기독교 교리의 상황화는 고대 중국에서 교회의 성장을 계속 유지하는 데 있어서 핵심적 요소가 되었다. 기독교 교리를 설명하고 가르치는 경우, 경쟁 관계에 있는 종교들의 어휘를 차용하여 상황화하는 방법을 채택했다. 전도할 때 가급적 긴장 분위기를 피했고, 문서 출판도 조심스럽게 서서히 하였으며, 성경을 직접 소개하는 것조차 상황에 맞게 절제하였다. 신비한 영적 경험은 기독교를 모르는 사람이 볼 때 필요 이상으로 강렬한 인상을 주어 위화감을 일으킬 수 있으므로 되도록 오해가 생기지 않게 조심했다. 한편 경쟁 관계에 있는 종교 지도자들을 자주 수도원에 초대하여 교제를 나눔으로 피차의 신앙 지식을 교환하는 기회로 삼았다. 무엇보다도 기독교의 지식을 거부감 없이 현지인의 문화에 접목시키려면 시간이 필요했던 것이다. 경교 선교사들은 무엇이든지 말로 전한 후에는 그것을 행동으로 실천하는 모범을 보여야 했다. 수도원은 이런 전도방식을 실행하는 데 효과적인 장소와 분위기를 제공했다. 왜냐하면 수도원은 기독교 문화가 자리 잡은 곳이므로, 방문자들은 관찰과 느낌만으로도 기독교인의 일상생활을 음미할 수 있었고 무언 중에 평가할 수 있었기 때문이다. 이렇게 해서 기회가 주어지는 대로 피차 유익한 문화 교류를 체험했던 것이다. 결과적으로 경교 선교사의 가르침은 불교와 다른 종교 지도자들에게 자연스럽게 전달 수용되었고, 기독교의 영향력은 효과적으로 확산되고 보전되었다.

  경교 선교사들은 신비한 도교의 사상도 용납하였으며 노자의 철학이 설명하는 것이 성경의 천지창조 설화와 일맥상통하는 것으로 보았다. 또한 선교사들은 공자를 위대한 스승으로 인정하고 존경했다. 이 과정에서 이들 종교의 부족한 점을 기독교 진리의 설명으로 보충해 주었다. 예를 들면 선사 시대부터 유전되어 온 유일신에 대한 막연했던 개념이 창조주 하나님의 지식으로 분명해졌던 것이다. 예수 그리스도의 공생애와 구속의 역사를 성경의 권위와 함께 소개해 주었다. 참 누룩은 비록 감지할 수 없이 적은 양일지라도 가루반죽 덩이 속에서 보이지 않는 변화를 일으켜 마침내 반죽 전체를 부풀리는 것처럼, 경교 선교단의 영향력은 보이지 않게 서서히 중국 문화에 스며들어 가 마침내 확실하고 효과적인 변화를 일으킨 것이었다. 경교의 영향력은 십수 세기를 경과하면서 중국의 문헌과 사상 논조에 조금씩 누룩과 같이 침투해 들어간 것이다.[248]

다른 한편 경교 선교단은 일반 민초를 위한 교회는 개척하지 않았던 것 같다. 그보다는 오히려 중국 정부가 광대한 지역에 걸쳐서 모집하고 고용했던 이른바 용병들을 전도 대상으로 삼았고, 그들이 복음을 잘 받아들였던 것으로 보인다. 근자에 한 저명한 선교사는 경교 전도자들은 기독교를 더 확고하게 방어했어야 했다고 비판했다. 경교 선교단의 상황화 방식이 과도한 양보를 낳았기 때문에 결국 선교사역이 실패로 돌아갔다는 지적이었다.[249] 그러나 기념비의 비문을 읽어 보면 그와 같은 비판이 근거가 없음을 알 수 있다. 경교가 핵심적 기독교 교리를 공개적으로 선포한 사실이 확실하고, 여러 정황으로 볼 때 845년 강제로 사역을 중단당할 때까지 경교 선교사들은 복음 전파에 충실했던 것이다. 그러므로 경교 선교사들은 지나치게 양보한 것도 아니고 선교단으로서 실패한 것도 아니다. 그들은 오히려 주어진 환경에서 최선을 다한 선구자로서 높이 평가되어야 한다고 보는 것이다.

후속 선교 팀들을 위한 지속되는 영향력

중국은 고대로부터 선교적 관심의 가장 중요한 대상국 중 하나였다. 1200년에 걸쳐 중국에서 사역한 수많은 선교사들의 이름이 기억되

---

248 Saeki, *The Nestorian Monument in China*, 157-9.
249 K. S. Lee, *A History of Christianity of China* (Seoul: Cum Ran Pub. 1995), 88-90.

고 있다. 그들은 각각 소속 교파가 달랐고, 서로 다른 선교 기관에서 사역했지만 모두가 한결같이 그리스도의 지상 명령을 공동 목표로 지향했던 것이었다.

7세기에는 경교의 알로펜 선교단이 중국에 들어와 선교활동을 했고, 13세기에는 다른 기독교 종파인 가톨릭 선교팀이 경교 선교단의 뒤를 이어 중국 선교를 시작했다. 그리고 17세기에 이르러 마테오 리치가 가톨릭 교회의 선교사역 범위를 한층 확대하였다. 마치 릴레이 경주를 하듯, 20세기에는 개신교 선교사들이 중국 선교의 바통을 이어받아 눈부신 성과를 거두었다.[250] 성경 번역과 보급을 통하여 중국 내지까지 깊숙이 들어가 전역에 선교 기지를 세웠다. 성경의 복음이 전해지고 구원의 역사가 확산될 때 중국은 마치 세계 선교의 표본이 된 듯 각광을 받기도 했다. 중국인은 영적으로 재능이 있으며 복음을 진지하게 수용하는 면에서 다른 민족보다 뛰어나다는 보고도 있었다.[251] 다수의 현지인 지도자들을 훈련하여 외국인 선교사들과 적극적으로 협동하여 전도할 수 있게도 되었다.[252]

그러나 1949년 중국에 공산정권이 수립되면서 외국 선교기관의 활동은 금지되었다. 이때 중국인들은 이미 자기들의 성경을 가지고 교육과 훈련을 받아 왔으므로 지하에서 은밀하게 성경 공부를 계속할 수 있었다. 이와 같은 비밀 성경 공부야말로 공산 정권 치하에서도 중국 교회

---

250 W. Dahoney, *The Dragon and the Lamb* (Nashville: Broadman Press, 1988), 17.
251 S. H. Moffett, *A History of Christianity in Asia, Vol. II*, 109.
252 D. W. Bacon, *The Influence of Hudson Taylor on the Faith Mission Movement*, 148.

가 존속하게 된 비결이라고 할 수 있다. 최근 선교 기관이 인용하는 통계에 의하면 외국 선교 단체의 적극적 개입이 없는 상태에서도 중국 기독교인의 숫자가 증가하고 있는 현상은 주목할 만하다는 것이다.[253]

장래 세계 기독교 선교를 위한 혁신책

선교의 지상 명령을 효과적으로 성취하기 위하여 세계의 기독교 선교 체제는 적절한 혁신이 필요할 것이다. 우리는 경교 선교단의 경험에서 필요한 혁신책을 시사해 주는 일말의 힌트를 얻을 수 있다. 그러나 현재 781년부터 845년여간의 경교 선교활동에 관한 기록이 전무하고, 또 13세기에 중국에 와서 약 1세기 동안 활동한 두 번째 경교 선교사들의 사역 기록도 찾을 수 없는 형편이다. 관련 문헌의 절대 빈곤에도 불구하고 우리는 경교 기념비와 후대의 다른 선교팀 특히 허드슨 테일러의 중국 내지선교회가 실천한 선교 방법을 통하여 일종의 시안을 마련해 볼 수 있을 것이다.

우선 세계 선교를 위한 혁신안은 선교 현장의 고유 문화를 철저히 분석한 후 초문화 선교 방법을 합리적으로 선택하여 시도하는 일이다. 고대 중국은 로마에 비교할 수 있는 고도로 발달된 문명국이었다. 경교 선교사들은 아마도 중국인의 문화적 우월감이 매우 높아서 다른 문화권으로부터 새로운 것을 배우려 하지 않으리라 생각했을 것이다. 그래서 경교 선교팀은 발달된 문명의 우월성을 인정하는 선교 정책을 개발하여 복음 전도에 선용했던 것이다. 중국의 일반 대중은 그들의 자랑스

---

253 T. Lee, "An Analysis of Its Ten Affecting Factors" [Paper presented at special meeting of the China Mission Conference, Seoul, 2011].

러운 고유문화가 가감없이 보전된다는 보장을 다짐받은 연후에야 비로소 성경의 가르침에 마음의 문을 열 수 있었다. 한번 작정하고 성경 공부를 시작하면 새로운 종교에서 배울 것이 많았으므로, 성경이 귀중한 심령의 양식이 되어 그들은 성장할 수 있었다. 경교 선교사들은 먼저 중국인들이 초보적 성경 진리에 익숙해지도록 인도한 후 점차적으로 성경을 직접 가르쳤던 것 같다.

오늘날의 선교팀들은 피선교 문화권 사람들의 절실한 필요가 무엇인지 이해하기 위한 연구와 조사를 선행시키는 것이 바람직하다. 이런 접근 방법은 현대의 일본이나 유럽에서 선교하려는 경우 특히 적절할 것이다. 그리고 이슬람이나 힌두와 같이 고유문화에 대한 우월감으로 배타적 성향마저 띠고 있는 문화권에서도 적용할 만한 방법일 것이다. 이것은 먼저 피선교지 문화의 장점을 존중하면서 접근한 다음, 비로소 지혜롭게 새로운 진리를 알려 주는 방법으로 지극히 중요한 요령이라고 할 수 있다. 그들이 자신의 필요를 인식하고 스스로 원할 때를 택하여, 성경을 마련해 준 후, 그들이 하나님의 말씀을 공부하도록 하는 것이다.

또 하나의 선교 혁신책은 '아말감' 잠적을 한 경교도들의 운명에서 그 힌트를 엿볼 수 있다. 이들은 고대 당조로부터 내려온 사람들인데 생존하기 위하여 그들의 신앙을 지니고 지하에 '아말감' 잠적을 한 경교도들의 후예일 것이다. 의료 기술자로 훈련받은 자들은 대대적 박해를 피하여 살아남았다고 가정할 수도 있고, 이슬람 공동체에 숨어들어 가 잠적하기도 하였을 것이다. 그 외 일반 경교도들은 자신들의 직업적 지위를 활용하여 삶을 보전하였을 것으로 추정한다.

'아말감' 잠적을 한 경교 성도들과 그들의 후손들은 계속 숨어서 신앙을 지켰을 것이다. 그러나 그들이 간직한 기독교 신앙은 문화적으로 격리된 상황에서 제대로 성숙하지 못한 수준이거나 변형된 신앙이었을 수도 있다. 한편 잠적한 경교도들과 친밀하게 교제하던 사람들이 동정심으로 인하여 좋은 전도 대상이 되었을 수도 있다. 현대 아시아의 지정학적 환경에서 이러한 경교의 잔류 신자를 탐색하는 시도는 무의미하게 보일 수도 있겠으나, 중요한 선교사역의 초점이 될 소지는 충분히 있다. 만약 찾아낼 수만 있다면 재활 교육 과정을 통하여 이들을 귀중한 선교 사역자로 훈련시킬 수 있는 가능성이 큰 것이다. 잠적한 익명의 그리스도인의 은둔 생활이 그들에게 특별한 체험과 식견을 심어 주었을 것이므로, 독특한 능력을 발휘하는 인적 자원으로 동원될 수 있다는 것이다.[254]

    끝으로 현지어 성경의 보급이 효과적인 복음 전도 방법으로 판명되었다. 그래서 성경은 모름지기 제각각의 모국어로 번역되는 것을 격려하며 권장하는 것이다. 공산 정권의 외세 배척 정책에도 불구하고, 1988년에 세계 최대 성경 인쇄 단체 중의 하나인 '아미티 재단'이 주역이 되어서 성경 출판을 위한 거대한 최신 시설을 기증하여 난징(南京)에 설치한 일은 뜻깊은 배려였다. 가장 효과적인 비폭력 전도사역 중 하나는 연약한 교회를 위하여 기독교 문서를 조달 공급하는 것이다. 새로 개척되는 교회들의 부흥을 위하여 절실하게 필요한 일은 성경지도자 교육 제도를 마련하는 것이라고 생각한다. 현지 목회사역 지도자들이 지속적으로 신학 교육을 받을 수 있게 하여 성숙한 신앙인을 양육하는 데 부족

---

254 P. Jenkins, *The Lost History of Christianity* (New York: Harper One, 2008), 36-9.

함이 없도록 힘써야 할 것이다.[255]

앞으로의 연구를 위한 제안

경교 기념비에 대한 탐구

이 연구가 얼마간 주관적으로 다루어졌고 또 연역적 접근이 필요했던 것은 문헌의 빈곤으로 자료를 충분히 입수하지 못한 데 기인했으므로 앞으로의 연구를 통해 많은 불투명한 부분이 분명히 규명되어야 할 것이다. 고고학적 연구 사업이 몇 곳에서 진행되고 있는 만큼 앞으로 지금까지 연구된 사항이 새로운 발견에 의하여 변경되거나 수정되는 일을 기대하는 것이다.

경교 기념비의 비문과 돈황 문서들의 번역에 관한 연구는 원작자의 본래 구상을 이해하기에 아직 미흡한 점이 있으므로 보다 집중적으로 계속되어야 한다고 생각한다. 더 많은 자료적 가치가 있는 문서들이 여러 곳에서 나올 수 있고 더 많은 시간도 소요될 전망이다. 따라서 경교 기념비의 비문과 계속해서 입수되는 모든 자료에 대한 학술적 연구를 제안하며 요청한다. 중국인은 아직도 서양 사람에게는 신비스러운 관심 대상의 민족이다. 고대 중국어는 연구를 더욱 힘들게 하는 요소이므로 경교비와 돈황 석굴의 문건을 심층 연구하는 자에게 큰 도전이라고 할 수 있다. 결국 고대 중국어를 현대 중국어로 번역하는 일에는 중국인 학자가 가장 적임이라고 생각할 수밖에 없다.

---

[255] Chiu, *A Historical Study of Nestorian Christianity in the T'ang Dynasty between A.D. 635-845*, 283-4.

경교비가 발견된 지 300년 이상의 세월이 흘렀고 진품이라는 사실은 확실하게 입증되었다. 경교비에 관한 문헌을 계속해서 발굴하며 더 많은 연구를 해서 경교비의 외부적 또 내부적 문제들에 관한 탐구를 하는 일이 남아 있다.[256] 결과적으로 현재까지 역사적, 신학적으로 연구 완료된 내용을 포함한 전체적 평가가 반드시 계속되어야 한다는 것이다.

극동 종교의 발전에 관한 심층 연구

최근 중국 동북부 지방에서 복원되고 있는 고대의 천단(天壇)에 관하여 새로운 고고학적 관점에서 연구가 발표되어 주목을 끌고 있다.[257] 당조 중국을 통해서 고대 한국(신라)과 일본에 들어온 대승불교에 대한 연구가 필요하다. 극동의 대승불교의 가르침에는 많은 부분에서 경교로부터 중요한 경로를 통하여 적지 않은 영향을 받은 흔적을 볼 수 있기 때문이다. 즉 대승불교 안에 들어 있는 기독교적 요소를 납득시킴으로써 복음 전도를 효과적으로 하는 데 합리적 촉매 역할을 할 수 있다고 생각한다.[258] 당조 시대부터 시작하여 극동의 세 나라 사이에 상호 간 영향을 주고받으며, 특히 한국 불교 발전에 주목할 만한 기여를 했던 것이다.[259]

---

[256] P. Saeki, "Old Problems concerning the Nestorian Momument in China Re-examined in the Light of Newly Discovered Facts." *Journal of the Royal Asiatic Society 67* (1934): 81.

[257] J. Kim, "Recent Excavation Project discovered the Ruine of the Heavenly Alter of ca B.C. 3000" (Presented at A Special Seminar of Christian Pastor's Association in Chicago, March, 2012)

[258] E. A. Gordon, The Symbols of "the Way"-Far and West (Tokyo: Maruzen, 1916), 112-120.

[259] J. Lim, "A Study of Nestorian Mission Works in East Asia, Concerning Nestorianism" (D-Min diss., Chong Sin College, Graduate school USA, 1993), 53-4.

그런 뜻에서 극동의 종교들은 동교회의 선교활동을 역사적으로 관찰하는 데 필요한 자료와 수단으로 탐구될 수 있으리라고 기대하는 것이다.

결론의 요약

제7세기에 당조 중국으로 경교가 전해진 이후, 복음 전도의 발걸음은 중국 교회의 확립을 지향하여 쉬지 않고 달려왔다. 황제 태종은 성경에 대하여 더 많이 알기를 원했고, 그 결과 기독교를 이해하게 되었으므로 경교 선교사들에게 지극히 큰 후원을 베풀었다. 수도원이 전국에 건축됨으로써 200년 이상을 효과적인 비폭력 선교활동을 펼치는 핵심 역할을 했던 것이다. 당조 중국인들이 기독교로 개종하는 과정에 폭력성은 흔적조차 찾아볼 수 없다.

두 번째 경교 선교팀이 원조 중국에 나타났을 때, 가톨릭 선교단도 합세하여 라틴 로마 교회를 세우게 되었다. 이어서, 최초의 개신교 선교사가 청조 중국에 들어왔다. 많은 개신교 선교사들 중에서 제임스 허드슨 테일러는 선견지명으로 구상한 선교 전략과 전도 방법을 실현해 낸 독보적인 존재가 되었다.

극심한 박해를 견디어 내는 데는 성경 공부가 본질적 열쇠와 같은 것이라고 결론지을 수 있다. 높은 수준으로 발전된 중국 문명의 지성적 요소를 인정하면서, 경교 선교사들은 성경의 진리를 효과적으로 설명하여 전해 주었다. 성경을 통하여 확실하게 깨닫는 것은, 먼저 하나님께서 기독교 신앙을 위한 신비한 계시를 주신다는 것이다.[260] 그러므로 중국의 선교활동도 하나님의 역사하시는 권능을 통하여 기적적인 간섭으

---
260 창세기 1:28, 마태복음 28:20, 사도행전 1:8.

로 계속되리라는 것이 우리의 신령한 소망이다. 세계 선교를 조속히 달성하기 위해서는 전략 체제를 적절하게 혁신하여 다수의 교회들이 하나가 되어 동원과 협력과 조종을 할 수 있도록 해야 할 것이다. 초문화적 선교 방법론이 가장 알맞은 선교 혁신책이 될 것이다. 의미 깊고 중요한 시발점의 하나는 미전도 종족에게 접근하는 사역인데, 이유는 주님의 지상 명령이 예루살렘에서 땅끝까지 나아가라고 명하시는 까닭이다.

부록

부록1. 지도: 비단길(The Silk Road)과 황하(Yellow River)

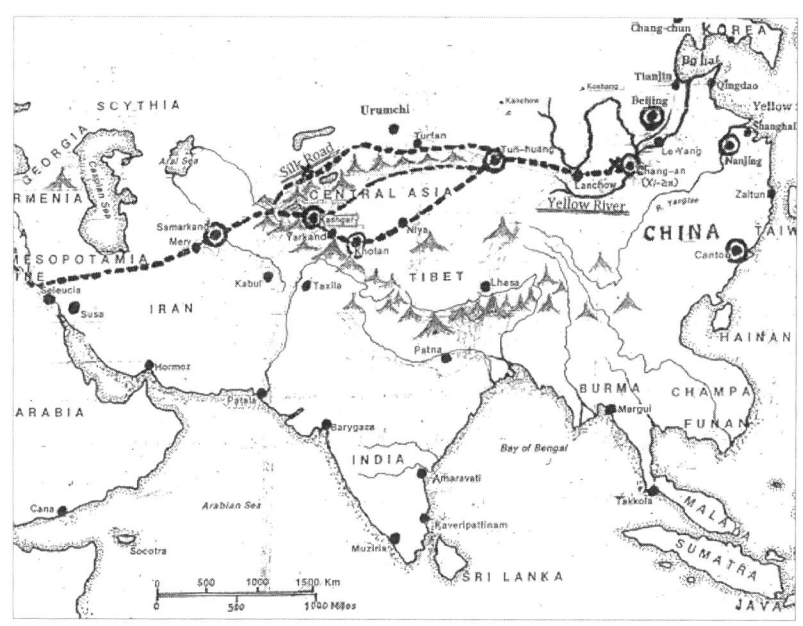

출처: Yu, John Taejong, *AN INFLUENCE OF THE TA-CH'IN CHING-CHIAO, ALSO KNOWN AS THE NESTORIAN CHRISTIANITY ON THE FAR EASTERN RELIGIONS*, A doctoral dissertation at Trinity Colllege of the Bible and Trinity Theological Seminary, p.117, Newburgh, Indiana, July 2012.

부록2. 경교 선교단에 관련된 중국어와 영어 표기 및 철자법 자료

Page.	Of the Text.	Other Source	Chinese letters.	Remarks.
21.	Heavenly Altar	Tian-tan	天壇:	For annual worship.
45.	Ching-ching	Jing-jing	景淨:	Adam, composer of the Inscription of the Nestorian Monument.
---	Ch'ang-an	Zha'ng-an	長安:	The Capital city of ancient China- Qin, Han, Sui and T'ang.
---	Xi-an	Hsi-an Si-an Si-gan Sengan Hsingan	西安:	The new name of above ancient capital.
45.	Ta-chin Ching Chiao	---	大秦景教:	Luminous Religion of Palestine.
50.	Tai-Tsung	Taizong	唐太宗:	The second Emperor of T'ang China, (A.D. 626-649).
51	Gao-Tso	Kao-Tsu	高祖:	The founder of T'ang China.
56.	Tao-Te-Ching	---	道德經:	The Scripture of Taoism.
63.	An-lu-shan	---	安祿山:	Leader of rebel, 8th century A.D.
67.	I-szu	Yi-si	伊斯:	Isaac, father of Adam, Ching-ching, also Nestorian Bishop.
51/68.				
	Kao-Tsung	---	高宗:	3rd Emperor, (A.D. 649-683),
	Hsuan-Tsung	---	玄宗:	9th Emperor, (A.D. 712-756),
	Su-Tsung	---	肅宗:	10th Emperor, (A.D. 756-762),
	Dai-Tsung	---	代宗:	11th Emperor, (A.D. 762-779),
	Te-Tsung	---	德宗:	12th Emperor, (A.D. 779-805).

64.	Xu Ting Mi Shi Suo Jing	- - -	序聽迷詩所經 :Book of Jesus.
64.	Yi Shen Lun	- - -	一神論: On the One God.
64.	Xuan Yuan Zhi Ben Jing		大秦景教 宣元至本經: The Origin of Origins
64.	Zhi Zuan An Le Jing		志玄安樂經: On Mysterious Peace and Joy
64.	San Wei Meng Du Zan		三威蒙度贊: Gloria in Excelsis Deo.
64	Zun Jing		尊經:Honored Persons and Sacred boks.
64.	Tong Zhen Gui Fa Zan		通真歸法贊: Praise to the Transfiguration o the Great Holy One.
67.	Sueyuan	- - -	索元: Author of a Dun-huan Book.
70.	Ching-Chiao	Jing-jiao	景教: The Luminous Religion
74.	Chin-tan Chiao	Kin-tan Kiao	金丹教: A secret religions sect.
80	.Mahayana	- - -	大乘佛教：Major Vehicle Buddhism.
80.	Hinayana	- - -	小乘佛教: Minor Vehicle Buddhism.
80.	Shinran (Japanese)		親鸞: Reformer of the Pure Land Sect, (a Japanese Buddhist Leader)
81.	Kyoto (Japanese)		京都 :Ancient capital of Japan.
81.	Bul-kuk-sa (Korean)		佛國寺: Shilla's Grand Buddhist Temple.
83.	Yeh-li-ko-wen	- - -	也里可溫: Nestorianism in Yuan China.
84.	`T'ien-chu-shih-I	- - -	天主實義: Ricci's Book on Catholicism.
92.	Hsuan-tsang	Xuan-zang	玄奘 : Reputable Chinese pilgrim to India.
99.	Ta-Chin-Si	- - -	大秦寺: First Christian church in Xi-an.
100.	Hsi-Ming -Si	Ximing-si	西明寺 : The Buddhist Grand temple in Capital of T'ang China.

부록3. 경교 기념비의 탁본

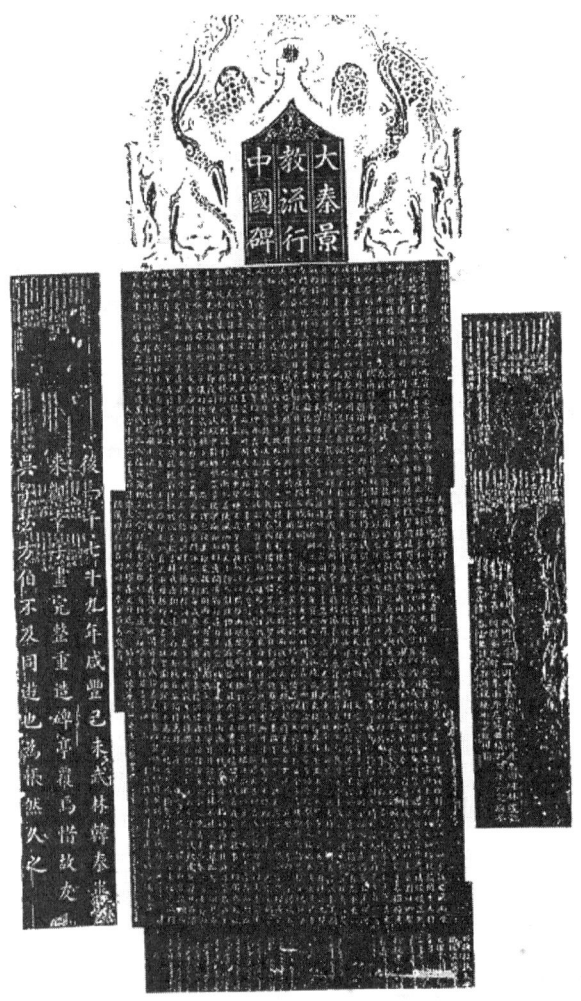

출처: Yu, John Taejong, AN INFLUENCE OF THE TA-CH'IN CHING-CHIAO, ALSO KNOWN AS THE NESTORIAN CHRISTIANITY ON THE FAR EASTERN RELIGIONS, A doctoral dissertation at Trinity College of the Bible and Trinity Theological Seminary, p.120, Newburgh, Indiana, July 2012.

부록4. 경교 기념비의 전경

출처: Yu, John Taejong, AN INFLUENCE OF THE TA-CH'IN CHING-CHIAO, ALSO KNOWN AS THE NESTORIAN CHRISTIANITY ON THE FAR EASTERN RELIGIONS, A doctoral dissertation at Trinity College of the Bible and Trinity Theological Seminary, p.121, Newburgh, Indiana, July 2012.

부록5. 한국 금강산에 있는 경교 기념비 복제품

출처: Yu, John Taejong, AN INFLUENCE OF THE TA-CH'IN CHING-CHIAO, ALSO KNOWN AS THE NESTORIAN CHRISTIANITY ON THE FAR EASTERN RELIGIONS, A doctoral dissertation at Trinity College of the Bible and Trinity Theological Seminary, p.122, Newburgh, Indiana, July 2012.

부록6. 경교 기념비의 비문 필사본

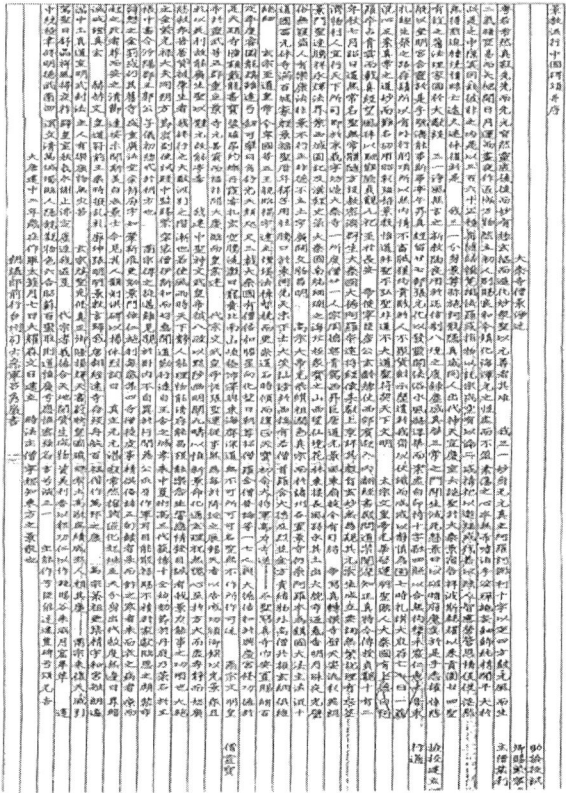

출처: Yu, John Taejong, AN INFLUENCE OF THE TA-CH'IN CHING-CHIAO, ALSO KNOWN AS THE NESTORIAN CHRISTIANITY ON THE FAR EASTERN RELIGIONS, A doctoral dissertation at Trinity College of the Bible and Trinity Theological Seminary, p.127, Newburgh, Indiana, July 2012.

참고문헌

Bacon, D. W. "The Influence of Hudson Taylor on the Faith. Missions Movement." PhD diss., Trinity Evangelical Divinity School, 1984.

Chan, Wing-Tsit, *A Source Book in Chinese Philosophy, Princeton.* Princeton: University Press, 1963.

Chiu, P.C.H. "A Historical Study of Nestorian Christianity in the T'ang Dynasty between A.D. 635-845." PhD diss., Southern Baptist Theological Seminary, 1987.

Couling, C. E. *The Luminous Religion.* London: Carey Press, 1925.

de Lacouperi, T. *Western Origin of the Early Chinese Civilization, from 2,300 B.C. to 200 A.D.,* Osnabruck: Otto Zeller, 1966.

Foster, J. *The Church of the Tang Dynasty.* London: Society for Promoting Christian Knowledge, 1939.

Gordon, E. A. The Symbol of the Way - Far East and West, Tokyo: Maruzen, 1916.

Gordon, E. A. *Asian Christology and the Mahayana.* Tokyo: Maruzen, 1921.

Halverson, D. C. *The Compact guide to World Religions*, Minneapolis: Bethany Press, 1996.

Holm, F. V. *The Nestorian Monument, An Ancient Record of Christianity in China*, with a Wylie's English Translation and Historical Notes on the Nestorians. Chicago: Open Court Pub., 1909.

Kang, C. H. & Ethel R. Nelson, *The Discovery of Genesis*. St. Louis: Concordia Pub. 1990.

Kawaguchi, K. *Kei-Kyo* [Christianity Toward the Silk Road: A Record of Christian Mission in T'ang China]. Tokyo: e-Grape, 2007.

Lee, I.S. *(이인식)* 동양기독교의 흔적을 찾아서 - 세계기독교의 숨겨진 반쪽, [*Searching for Footsteps of the Orient Christianity*]. Seoul, Korea: The Christian Education, 2004.

Lee, I. S. *(이인식)* 동양화된 기독교 - 불교 속의 기독교, [*Christianity in the Teaching of Buddhism*]. Seoul, Korea: The Christian Education, 2005.

Lee, I. S. *(이인식)* 대진경교류행중국비 비문역해. [A Translation of the Nestorian Monument Inscription with Related Articles]. Seoul Korea: The Orient Mission Culture institute, 2012.

Legge, J. *The Notions of the Chinese Concerning God and Spirits*. Hong Kong: Hong Kong Register Office, 1852.

Lim, J. E. *(임정음)* 고대 동방 기독교사 - 경교의 동방 전래사 연구- "A Study of Nestorians Mission Works in East Asia, Concerning Nestorianism." D-Min diss., Chong Sin College, Graduate School (USA), 1993.

Moffett, S. H. *A History of Christianity in Asia: Vol. I*, New York: Harper Collins, 1992.

Moffett, S. H. *A History of Christianity in Asia: Vol. II*, New York: Orbis, 2005.

Palmer, M. *The Jesus Sutras, Rediscovering the Lost Scrolls of Taoist Christianity*. New York: Random House Publishing Group, 2001.

Pollock, John Charles. *Hudson Taylor and Maria, Pioneers in China*, New York: McGraw-Hill Book Co., 1962.

Saeki, Peter Yoshira. *The Nestorian Monument in China*. London: Society for Promoting Christian Knowledge, 1916.

Stewart, John. *Nestorian Missionary Enterprise: The Story of a Church on Fire*. Edinburgh: T&T Clark, 1961.

Tang, Li. *A Study of the History of Nestorian Christianity in China and Its Literature in Chinese, Together with a New English Translation of the Dunhuang Nestorian Documents*, 2nd rev. edi. Tubingen: Peter Lang, 2002.

Thompson, Phyllis. *China: The Reluctant Exodus*. Manchester: Hodder & Stoughton, 1979.

Thompson, P. *Proving God, Financial Experiences of the China Inland Mission*. London: Overseas Missionaries Fellowship, 1956.

Williams, S. W. *The Middle Kingdom, A Survey of the Geography, Government Literature, Social Life, Arts, and History of the Chinese Empire and its Inhabitants, Vol 1*. New York: Paragon Book, 1966.

Young, John M. L. *By Foot to China: Mission of the Church of the East, to 1400*. Tokyo: Radiopress, 1984.

Yu, John Taejong *AN INFLUENCE OF THE TA-CH'IN CHING-CHIAO, ALSO KNOWN AS THE NESTORIAN CHRISTIANITY ON THE FAR EASTERN RELIGIONS*, A doctoral dissertation at Trinity College of the Bible and Trinity Theological Seminary, Newburgh, Indiana, July 2012.